絶対食べたい！
ごちそう鍋レシピ74

Contents

絶対食べたい！
ごちそう
鍋レシピ74

おいしい鍋を楽しむために 4

1章 材料3つで鍋

手羽元とかぶの鍋 8
鶏肉とトマトのスープカレー鍋 10
手羽先のトマト鍋 12
鶏肉ときのこのチーズ鍋 13
豚肉と白菜のミルフィーユ鍋 14
ヘルシー豚しゃぶ 16
豚キムチ鍋 18
豚肉とキャベツの塩こうじ鍋 19
常《じょう》夜《や》鍋 20
豚肉と里いもの鍋 21
プルコギ 22
エスニック牛しゃぶ 24
牛肉とトマトのすき焼き 25
チキンボール鍋 26
中国風肉だんご鍋 28
餃子鍋 29
いかと大根のみそ鍋 30
ぶりのしょうが風味鍋 32
湯豆腐 33
コラム1 味わい調味料＆薬味 34

2章 人気の和風鍋

水炊き 36
ちゃんこ鍋 38
きりたんぽ鍋 40
うどんすき 42
豚肉と水菜のはりはり鍋風 43
豚肉と野菜の蒸し鍋 44
もつ鍋 46
ほうとう鍋 48
すき焼き 50
しゃぶしゃぶ 52
いも煮鍋 54
牛すじ鍋 56
牛肉とごぼうの柳川鍋風 58
鶏だんごの豆乳鍋 60
寄せ鍋 62
かに鍋 64
かきのみそ鍋 66
石狩鍋 68
たらちり 69
いわしのつみれ鍋 70
鯛とねぎの鍋 72
きんめ鯛のしゃぶしゃぶ 74
さわらのかす汁鍋 75
おでん 76
みそ煮込みおでん 78
鍋のしめ おいしくなるツボ 80
コラム2 つけだれ＆ソース 82
エスニック食材メモ 82

3章 すぐでき小鍋

豚すき鍋 84
野沢菜漬けのこくうま鍋 85
海鮮チゲ 86
あさり鍋 87
納豆鍋 88
スンドゥブ鍋 89
台湾風豆乳鍋 90
油揚げと水菜のみぞれ鍋 91
さば缶カレー鍋 92
ツナとごぼうの柳川鍋風 93
ミート&キャベツ鍋 94
さんま缶のすき焼き風 95
ミニおでん風 96
かに棒鍋 97
鍋焼きうどん 98

4章 アジア風&洋風鍋

参鶏湯《サムゲタン》 100
カムジャタン 102
プデチゲ 103
火鍋 104
獅子頭《シーズトウ》鍋 106
台湾風白菜鍋 107
トムヤムクン鍋 108
ベトナム風鍋 110
ココナッツミルク鍋 111
ブイヤベース 112
ポトフ 114
ボルシチ 116
モロッコ風鍋 118
チーズフォンデュ 119
コック・オー・ヴァン 120
材料の下ごしらえ 122
主材料別さくいん 124
味つけ別さくいん 127

この本の使い方

- 材料は４人分（３章は１人分）を目安にしています。
- 材料の煮汁の分量は目安です。鍋の大きさに合わせて調整してください。
- だし汁は、お茶パックに入れた削り節、昆布、煮干しでとります(P.6 参照)。
お茶パック、昆布、煮干しはそのままでも、途中で取り出してもかまいません。煮汁が少なくなったら湯をたします。
- 小さじ１は５㎖、大さじ１は 15㎖、１カップは 200㎖です。いずれもすりきりで量ります。
- 特に表記のない火加減は、中火です。
- 電子レンジの加熱時間は、600W を基準にしています。500W の場合は、1.2 倍の時間を目安に加熱してください。
- この本の材料表は、使う材料を「具」「煮汁」「薬味」などのように、わかりやすく分けて表記しています。
材料ごとに、必要な下ごしらえも併せて説明しています。
- 材料写真の分量は、実際と異なる場合もあります。

おいしい鍋を楽しむために

鍋のこだわりはいろいろありますが、この本では身近な材料と作りやすいレシピで作れる鍋料理が基本です。土鍋や道具のことを知り、作り方のコツを確認しましょう。鍋は、具材やその汁のおいしさを味わうもの。だしはうまみを補う程度と考えて、簡単にとれる方法を紹介しています。

道具 編

鍋料理には、底が浅くふたのついた陶器製の土鍋が多く用いられます。その土鍋の扱い方や、ほかの鍋の種類、便利な小物を知って、わが家の鍋を楽しみましょう。

いろいろな鍋

土鍋以外にも、鍋料理で活躍する鍋の紹介です。

鋳物《いもの》ホーロー鍋

鉄の素材にガラス質の釉薬を塗って、高温で焼きつけた鍋です。耐熱性、保温性にすぐれ、手入れもしやすいのが特徴。洋風鍋などに。

鉄鍋

熱伝導がよくて油もよくなじみ、強火にも対応します。浅くて底の広い鉄鍋は、すき焼きなどに。使い始めは、たっぷりの油で野菜の切れ端を炒めると鉄臭さが消えます。

金属製の鍋

アルミニウムは熱伝導がよく、軽いのが特徴。ステンレスはアルミほど熱伝導がよくないのですが、さびにくく衛生的です。しゃぶしゃぶ鍋やアジア風の鍋などに。

フライパン

深めのフライパンがあると便利です。煮汁のある鍋料理はもちろん、すき焼きもOK。専用の鍋がなくても、鍋料理を楽しむことができます。

土 鍋

鍋料理に使われる、保温性の高い鍋です。ゆっくりと熱が伝わり、一度温まるとさめにくく、長時間煮込む料理や卓上で楽しむ鍋料理にぴったりです。４人分は、口径25～28cm（８、９号サイズ）を目安に選ぶとよいでしょう。

土鍋の使い方

初めて使うとき

土鍋に冷やご飯を茶碗１杯、水を８分目まで注いで弱火にかけ、２時間かけておかゆを炊きます。そのまま一晩おき、中身を捨ててスポンジなどで水洗いし、ふきんで水けを拭いて完全に乾かします。こうすることで、土臭さを取り、ひび割れや臭いがつくのを防ぎます。

使うときの注意

土鍋は、急激な温度変化に弱いもの。底がぬれたまま火にかけると、割れることもあります。底がぬれていたらよく拭いて煮汁や具材を入れ、弱火にかけて徐々に温度を上げていきます。

手入れのポイント

食べ終わったら、残った具材を取り出してさまし、早めに洗いましょう。鍋が熱いまま水につけたり、研磨剤などをつけてこすると、ひび割れの原因に。スポンジで水洗いし、水けをよく拭き取って、完全に乾燥させてから収納します。

便利な小物

便利な小物をひとつずつそろえれば、鍋がいっそう楽しめます。

ⓐ**アク取り**：網目になっていて、具材から出るアクをさっとすくい取れる。
ⓑ**穴あきじゃくし**：具だけを取りたいときに便利。
ⓒ**お玉じゃくし**：具も汁もすくい取ることができる。金属製、木製などがある。
ⓓ**菜箸**：具材を鍋に加えたり、取り出すときに便利。
ⓔ**汁つぎ**：湯などを入れておく。煮汁が少なくなってきたらすぐにたせる。
ⓕ**取り皿**：煮汁も入るように深めで、熱さを感じにくい厚手のものを。
ⓖ**れんげ**：鍋の汁をすくう大きめのものや、汁を飲む小さいものがある。

作り方のコツ 編

基本的に具材を煮るだけで完成する鍋ですが、いくつかのコツを押さえれば格段においしくなります。
材料の下ごしらえからしめの楽しみ方まで、知っておきたい作り方のコツを確認しましょう。

下ごしらえした野菜の水けをきる

水菜や小松菜などの葉もの野菜や、水にさらした野菜は、水けが残りやすいので、ざるに上げてしっかりと水けをきりましょう。水けが多いと、煮汁が薄まって味がぼやける原因に。

うまみの出る具材から煮る

骨つきの肉、肉や魚のだんご、きのこ類などのうまみの出る具材は、はじめに入れて煮ます。うまみが煮汁に移り、あとから加える具材にも、そのおいしさがしみ込みます。

根菜など煮えにくいものから煮る

大根やにんじんなどの根菜は、あらかじめ下ゆでするか、煮汁で柔らかく煮てから、ほかの具材を加えていきます。白菜は、かたい軸、葉の順で加えていきましょう。すべてを同時に入れると、煮え加減にばらつきが出ておいしい鍋に仕上がりません。

葉ものは煮すぎないよう最後に加える

水菜やにら、小松菜のような葉もの野菜は、長く煮るととろけ、食感が損なわれます。食べる都度、適量を加えてさっと火を通せば、みずみずしいおいしさを味わうことができます。

煮立ち過ぎないように気をつける

保温力のある土鍋は、いったん煮汁が煮立ったら火を弱め、ふつふつと煮立つ程度をキープしましょう。火加減が強すぎると、煮汁がすぐに煮詰まったり、味が濃くなり過ぎたりします。

アクはていねいにすくい取る

煮立った煮汁に、白っぽく浮いてくるのがアク。主に、肉や魚の余分な脂や、血液などが固まって浮いてきたものです。そのままにしては、鍋のおいしさが半減。煮始めは多く浮いてくるので、ていねいにすくい取ります。煮ている間は、うまみまでとり過ぎないように、気づいたときにとればＯＫ。専用のアク取りがなければ、お玉じゃくしやスプーンですくい取ります。

煮詰まってきたら湯を加える

煮汁が煮詰まって少なくなり、また味が濃くなってきたら、湯を少しずつたして調整します。豆腐や白菜など、水分の多い具材を加えるのも手。

煮えてきたところからいただく

卓上で煮ながら食べる鍋は、煮すぎないようにタイミングをはかり、煮えばなをいただくのがコツ。すぐに火の通る野菜は、適時鍋に加えて煮えたところからいただきます。すき焼きは、具材を継ぎたすより、数回に分けて調理するとよいでしょう。

鍋のしめを楽しみに煮汁を残して

ご飯やうどんを入れて作る鍋のしめは、楽しみのひとつ。そのために、煮汁を適当に残しましょう。少し具が残っていてもＯＫ。煮汁が煮詰まってしまったら、湯を適量たして、しょうゆや塩などで味をととのえてからどうぞ。

だし汁 編

気軽に作れる鍋だから、できればだしも簡単にとりたいもの。この本ではあらかじめだし汁を用意せず、鍋で煮ながらだしもとれる、手軽でおいしい方法を紹介します。

アジア風&洋風鍋に活躍するスープの素

削り節などを使わない煮汁で、手軽に使えて便利なのが市販のスープの素。味つけのタイプによって使い分けます。

鶏ガラスープの素

アジア風鍋の味つけに便利なスープの素。ペーストタイプもあるが、顆粒のほうが計量しやすくて便利。

ビーフスープの素 チキンスープの素

洋風鍋の味つけには、スープの素（固形）で手軽に。鍋に合わせて、ビーフ味、チキン味を使い分ける。

昆布のだし汁

しゃぶしゃぶや魚介の鍋など、あっさりと仕上げたいときは昆布のだし汁が活躍。昆布はそのまま具にもなります。

煮ながらだしをとる

鍋に分量の昆布や水、酒などを入れる。鍋を始めて煮ながらだしをとる。

煮干しのだし汁

よりこくをつけたい煮汁には、煮干しを使うことがあります。煮干しは、頭と腹わたを取り、直接鍋に入れて。そのまま具にもなります。

お茶パックに入れても

削り節といっしょにだしをとる場合は、削り節とともにお茶パックに入れ、煮だしてもよい。

削り節と昆布のだし汁

削り節をお茶パックに入れ、昆布といっしょに煮だす方法です。この方法なら、削り節をこす手間が省けて手軽です。

1 お茶パックに削り節を入れる

市販のお茶パックを用意し、分量の削り節を入れる。削り節が飛び出さないようにする。

2 鍋の様子をみながら水を注ぐ

土鍋に、お茶パックに入れた削り節と分量の昆布を入れる。レシピに表示した水の分量を、まず少なめに注ぐ。残りは、鍋の大きさを見ながらたしていくとよい。

3 火にかけて鍋を始める

鍋を火にかけ、レシピ通りに調味料や具を入れて鍋を始め、煮ながらだしをとる。

削り節や昆布は、最後まで入れておいても OK

お茶パックに入れた削り節、昆布、煮干しは、食べ終わりまで入れておいても大丈夫です。入れたままにすると多少煮汁が濁りますが、味に大きな変わりはありません。鍋の中が狭くなったら、途中で削り節を絞って取り出してもOK。昆布や煮干しも取り出してかまいませんが、具としていただいても。

1章

材料3つで鍋

寒さを感じる時季になると、鍋料理は献立のスタンダードに。身近な材料で簡単に作れ、野菜がたくさん食べられる鍋は、忙しい日々にとても重宝します。1章では、メインの具3つで作る、手軽でおいしい鍋をご紹介。からだがしんから温まり、献立の一品として毎日でも飽きずに食べられる、そんな鍋のレパートリーを広げませんか。

手羽元とかぶの鍋 8
鶏肉とトマトのスープカレー鍋 10
手羽先のトマト鍋 12
鶏肉ときのこのチーズ鍋 13
豚肉と白菜のミルフィーユ鍋 14
ヘルシー豚しゃぶ 16
豚キムチ鍋 18
豚肉とキャベツの塩こうじ鍋 19
常夜《じょうや》鍋 20
豚肉と里いもの鍋 21
プルコギ 22
エスニック牛しゃぶ 24
牛肉とトマトのすき焼き 25
チキンボール鍋 26
中国風肉だんご鍋 28
餃子鍋 29
いかと大根のみそ鍋 30
ぶりのしょうが風味鍋 32
湯豆腐 33

手羽元とかぶの鍋

骨つきの鶏肉から出るうまみと、ほのかな甘みの酒かすがおいしい鍋。からだのしんからぽかぽかとしてきます。

かぶは、茎の根元に切り込みを入れる。下のほうから切り込みに向けて皮をむくと、きれいにむける

鶏肉から出たアクは、ていねいにすくい取る。アク取りがなければ、お玉じゃくしやスプーンですくい取ればよい

鍋の煮汁を酒かすに加えてさらに混ぜ、とろりとさせてから鍋に加え、汁によくなじませる

材料（4人分）と下ごしらえ

具

鶏手羽元…12本　湯引きする（P.122参照）。

かぶ…5個　茎を2㎝残して葉を切り、皮をむいて4つ割りにする（写真a）。かぶの葉は、長さ4㎝に切る。

しめじ…200g　石づきを切り落とし、小房に分ける。

煮汁

A ［**削り節…10g**　お茶パックに入れる。
　 ［**水…4～5カップ**

酒かす（柔らかいもの）※…50g

しょうゆ…大さじ3

塩…少々

鍋を始める

1 土鍋にA、鶏肉を入れて火にかける。煮立ったら弱火にしてアクを取り（写真b）、ふたをして10分ほど煮る。その間に、ボウルに酒かす、しょうゆ、塩を入れ、ゴムべらでなじむまで混ぜる。
※板状の酒かすは、小さくちぎって耐熱の器に入れ、煮汁大さじ3～4ほど加えてラップをかけ、電子レンジで1分加熱して混ぜ、なめらかにする。

2 1の土鍋にかぶ、しめじを加える。再び煮立ったら、ふたをして弱火で5分ほど煮る。

3 1の酒かすに煮汁を適量入れてのばし、2に加えて混ぜる（写真c）。かぶの葉を加え、煮えたところからいただく。

鍋のしめ　ゆでうどんを入れて煮込み、溶き卵を回しかけて卵とじうどんに。卵でいっそうまろやかなおいしさ。

手羽元とかぶの鍋

鶏肉とトマトのスープカレー鍋

食べ応えのある鶏肉を焼いてねぎと煮込み、たっぷりのトマトで仕上げました。さらりとした人気のスープカレーを、家族みんなで楽しめます。

材料（４人分）と下ごしらえ

具

鶏もも肉…大２枚　４等分に切り、塩、こしょう各少々をふって下味をつける。

オリーブ油…大さじ３

小麦粉…適量

ねぎ…２本　長さ３㎝に切る。

トマト…４個　縦半分に切ってへたを取り、乱切りにする。

煮汁

A
- **チキンスープの素（固形）…１個**
- **ローリエ…１枚**
- **カレー粉…大さじ２**
- **水…3~4カップ**
- **塩…小さじ１**
- **こしょう…少々**

しょうゆ…大さじ１

鍋を始める

1　フライパンにオリーブ油を中火で熱し、鶏肉に薄く小麦粉をまぶして入れる。両面にこんがりと焼き色がつくまで焼く（写真 a）。

2　1を土鍋に移し、ねぎ、Aを加えて火にかける（写真 b）。全体に混ぜ、煮立ったら弱火にしてアクを取り、ふたをして10分ほど煮る。

3　しょうゆ、トマトを加えてひと混ぜし、ふたをして２分ほど煮てからいただく。

鍋のしめ　ご飯を入れ少し煮て、カレー雑炊に。仕上げにスライスチーズをちぎって散らせば、リッチな味わい。

a

鶏肉に小麦粉をまぶし、表面を焼き固めて、うまみを閉じ込める

b

煮汁のAを順に加えてひと混ぜする。煮ている間もときどき混ぜて焦げつきを防ぐ

鶏肉とトマトのスープカレー鍋

手羽先のトマト鍋

ゴロゴロと大きな具の入った洋風鍋。まろやかなトマト味が魅力です。
食べる直前に、粉チーズをたっぷりかけて！

材料（４人分）と下ごしらえ

具

鶏手羽先…12本　手羽先は、関節にはさみを入れて、細い先を切り取る。

サラダ油…大さじ１

玉ねぎ…３個　４つ割りにする。

トマトの水煮（缶詰・カットタイプ）…１缶（400g）

煮汁

チキンスープの素（固形）…１個

ローリエ…１枚

水…４～５カップ

塩…小さじ１

こしょう…少々

仕上げ

粉チーズ…適量

鍋を始める

1. フライパンにサラダ油を中火で熱し、ペーパータオルで水けを拭いた鶏肉を入れる。両面をこんがりと焼く。

2. １を土鍋に移し、玉ねぎ、トマトの水煮、煮汁の材料を加えて火にかける。煮立ったら弱火にしてアクを取り、ふたをして 20 分ほど煮る。仕上げに粉チーズをかけていただく。

鍋のしめ　ゆでたスパゲティを入れ、軽く煮てパセリのみじん切りをふり、スープパスタ風に。

鶏肉ときのこのチーズ鍋

濃厚なチーズ味の煮汁に、にんにくやアンチョビーの風味がアクセント。
うまみの多いマッシュルームが主役の鍋です。

材料（4人分）と下ごしらえ

具

鶏胸肉…3枚　一口大のそぎ切りにする。
塩、こしょう各少々をふって下味をつける。

マッシュルーム…300g　石づきがあれば切り落とし、
さっと洗って水けを拭く。

ピザ用チーズ…100g

煮汁

チキンスープの素（固形）…1個
水…3～4カップ
塩…小さじ½
こしょう…少々

仕上げ

オリーブ油…大さじ3
にんにく…2かけ　粗みじん切りにする。
アンチョビー…2枚　粗みじん切りにする。
粗びき黒こしょう…少々

鍋を始める

1 土鍋に煮汁の材料、鶏肉、マッシュルームを入れて火にかける。煮立ったら弱火にしてざっと混ぜ、ふたをして10分ほど煮る。

2 フライパンにオリーブ油を弱火で熱し、にんにくを炒める。薄く色づいたらアンチョビーを加えて火を止め、よく混ぜる。

3 1にピザ用チーズと2を散らす。チーズを溶かし、黒こしょうをふっていただく。

鍋のしめ　ゆでたマカロニを入れてひと煮し、煮汁をよくからめてから食べる。

豚肉と白菜のミルフィーユ鍋

豚バラのこくと、干ししいたけの豊かな風味が特徴の白菜の鍋。用意した白菜をぎゅうぎゅうに鍋に詰め、少し時間をかけて煮れば絶品。

材料（4人分）と下ごしらえ

具

豚バラ薄切り肉…300g　塩小さじ½、こしょう少々をふって下味をつける。

白菜…½株　縦半分に切る。

干ししいたけ…4個　ジッパーつきポリ袋に水1カップと入れ、2時間ほどおいてもどす。

煮汁

鶏ガラスープの素（顆粒）…大さじ1
水…1½カップ
塩…小さじ⅓
しょうゆ…大さじ1½
こしょう…少々
干ししいたけのもどし汁…全量

仕上げ

万能ねぎ…2本　小口切りにする。

鍋を始める

1 干ししいたけは水けを絞り、石づきを切り落として細切りにする。もどし汁はこし器でこして煮汁にする。白菜の葉と葉の間に、豚肉、干ししいたけを均等にはさむ（写真 a）。

2 土鍋の深さを目安にして、1を切り分ける（写真 b）。

3 切った白菜を、かたまりごと土鍋に立てて詰めていく。煮ると白菜から水が出て小さくなるので、入るだけ隙間なく詰めるとよい。煮汁の材料を合わせて注ぎ、土鍋を火にかける（写真 c）。煮立ったら弱火にし、ふたをして 40 分ほど煮る。仕上げに万能ねぎをふる。

a
白菜の内側を上に向け、葉を1枚ずつめくりながら、豚肉、干ししいたけをはさむ。豚肉が大きければ、白菜に合わせて手でちぎるとよい

b
土鍋の深さよりやや長めに、葉先のほうからざくりと切り分ける。根元は切り落とし、はさんだ状態をくずさないようにする

c
しいたけ風味の煮汁をまんべんなく回しかける。白菜から出る水分を想定して、煮汁は少なめ

鍋のしめ　インスタントラーメンか、ゆでたラーメンを入れて煮る。豆板《トウバン》醤《ジャン》少々を加えて、味に変化をつけても。

豚肉と白菜のミルフィーユ鍋

ヘルシー豚しゃぶ

肉はもちろん、レタス、ブロッコリーとたっぷりの野菜が食べられる豚しゃぶ。みそを加えた梅だれでさっぱりと味わいます。

材料（４人分）と下ごしらえ

具

豚しゃぶしゃぶ用肉…400g
レタス…１個　大きめにちぎる。
ブロッコリー…１株　小房に分ける。塩少々を加えた熱湯で軽くゆで、ざるに上げて水けをきる。

煮汁

昆布…５g
酒…½カップ
水…４～５カップ

たれ 薬味

梅みそだれ…適量（P.82 参照）
万能ねぎ…３本　小口切りにする。

鍋を始める

1 土鍋に煮汁の材料を入れる。

2 豚肉や野菜を器などに盛り合わせておく。たれの用意をする（写真）。

3 1を火にかけ、煮立ったら火を弱める。豚肉や野菜類を好みの加減に火を通し、梅みそだれや万能ねぎでいただく。

鍋のしめ　ゆでたそうめんを入れて、にゅうめん仕立てに。ねぎやわけぎの小口切りをたっぷり散らして。

みそとたたいた梅肉を混ぜ、みりんでほんのりと甘みをつけたたれ

梅みそだれの、梅肉の酸味が食欲を促します。万能ねぎを添え、味にメリハリをつけて。

ヘルシー豚しゃぶ

雰囲気のあるかごに、野菜をこんもりと盛って。かさのある野菜でも、あっという間になくなります。

豚キムチ鍋

豚肉と相性のよいキムチの鍋。うまみのある辛さがおいしく、味のしみた厚揚げがボリューム感を出します。

材料（４人分）と下ごしらえ

具

豚こま切れ肉…400g

厚揚げ…２枚　横半分に切り、端から幅１㎝に切る。ざるにのせて熱湯を回しかけ、油抜きをする。

白菜キムチ…200g　一口大のざく切りにする。

煮汁

鶏ガラスープの素（顆粒）…大さじ１

しょうゆ…大さじ３

砂糖…大さじ３

水…４～５カップ

鍋を始める

1 土鍋に煮汁の材料、豚肉を入れて火にかける。煮立ったら弱火にして、ていねいにアクを取る。

2 厚揚げを加え、ふたをして10分ほど煮る。中央に白菜キムチをのせていただく。

鍋のしめ　ご飯を入れて軽く煮込み、キムチ味の雑炊に。チーズを加えたり卵でとじたりして、マイルドに仕上げても。

豚肉とキャベツの塩こうじ鍋

厚切りの豚肉が、塩こうじによって
まろやかな味わいに変化。
味の出るしめじ、かさのあるキャベツと合わせ、
簡単で本格的な一品に。

材料（4人分）と下ごしらえ

具

豚とんかつ用肉…4枚　幅1㎝に切り、塩こうじ大さじ4～5をからめ1時間以上おく。

キャベツ…½個　かたいしんを除き、大きめのざく切りにする。

しめじ…200g　石づきを切り落とし、小房に分ける。

煮汁

削り節…10g　お茶パックに入れる。

しょうゆ…大さじ1

みりん…大さじ3

水…4～5カップ

鍋を始める

1 土鍋に煮汁の材料を入れて火にかける。煮立ったら豚肉を加える。

2 再び煮汁が煮立ったらアクを取り、キャベツ、しめじを加えて弱火にし、ふたをして15分ほど煮ていただく。

鍋のしめ

ゆでうどんを入れて煮る。塩こうじのうまみをからめ、ふっくらしたら七味唐辛子をふる。

常《じょう》夜《や》鍋

豚肉とほうれん草をメインに、しゃぶしゃぶのように食べる鍋。毎晩食べても飽きないことから、この名前がついています。

材料（４人分）と下ごしらえ

具

豚バラ薄切り肉…300g
ほうれん草…400g　根元を切り落として葉をばらす。
ねぎ…２本　幅２㎝で斜めに切る。

煮汁

酒…１カップ
水…３～４カップ
しょうが…１かけ　薄切りにする。

たれ

ポン酢しょうゆ…適量

鍋を始める

土鍋に煮汁の材料を入れて火にかける。煮立ったら豚肉、ほうれん草、ねぎを適量入れ、アクが出たらその都度取る。煮えたところからポン酢しょうゆをつけていただく。

鍋のしめ　焼きおにぎりを入れ、みそを添える。おにぎりをざっくりとくずし、みそを溶かしながら食べて。

豚肉と里いもの鍋

しょうゆ味に煮しめた里いもがおいしく、腹持ちもします。水菜の代わりに、小松菜、白菜などうちにあるものを使っても。

材料（4人分）と下ごしらえ

具

豚ロース薄切り肉…300g
里いも…4個　皮をむく。
水菜…200g　根元を切り落とし、長さ5～10㎝に切る。

煮汁

削り節…10g　お茶パックに入れる。
昆布…5g
しょうゆ…大さじ4
砂糖…大さじ$1\frac{1}{2}$
水…4～5カップ

鍋を始める

1 鍋に里いもとかぶるくらいの水を入れて煮立て、泡が出るまで下ゆでする。ざるに上げてさっと水洗いし、表面のぬめりを取る。

2 土鍋に煮汁の材料、里いもを入れて火にかける。煮立ったら弱火にしてアクを取り、ふたをして10分ほど煮る。

3 豚肉を加えてアクを取り、水菜を加えて煮えたところからいただく。

鍋のしめ　もちを入れて煮、雑煮仕立てに。ゆずの皮など、風味のあるものを薬味に添えて。もちは、好みで焼いてもそのままでも。

プルコギ

韓国のすき焼き風の鍋を、身近な食材だけで手軽に作りました。
鍋のしめも楽しみですが、コチュジャンがきいた甘辛い味にご飯が進みます。

材料（４人分）と下ごしらえ

具

牛切り落とし肉…500g　Ａと合わせて混ぜ、10分ほど下味をつける（写真 a）。

Ａ
- にんにく…１かけ　すりおろす。
- りんご…¼個　皮つきのまますりおろす。
- 玉ねぎ…¼個　すりおろす。
- はちみつ…大さじ２
- しょうゆ…大さじ４
- コチュジャン…大さじ２

ごま油…大さじ２

玉ねぎ…２個　幅１㎝のくし形に切る。

にら…１束　長さ４～５㎝に切る。

煮汁

鶏ガラスープの素（顆粒）…大さじ½

水…１カップ

仕上げ

白いりごま…適量

鍋を始める

1　土鍋にごま油を中火で熱し、つけだれごと牛肉を広げ入れる。その上に玉ねぎを均等にのせる（写真 b）。

2　煮汁の材料を混ぜて加える（写真 c）。煮立ったらふたをして５分ほど煮る。アクを取って混ぜ、にらをのせてごまをふり、煮えたところからいただく。

鍋のしめ　もともと煮汁の少ない鍋。ゆでうどんを入れて味をからめながら混ぜて火を通し、焼きうどん風にしても。

a
にんにく、りんご、玉ねぎをすりおろせば、下味としてからみやすくなる

b
玉ねぎは、牛肉の上にまんべんなくのせる

c
少なめの煮汁で煮るのが特徴。玉ねぎの甘みがしみ出てくる

プルコギ

エスニック牛しゃぶ

ナンプラーをきかせた、東南アジア風のしゃぶしゃぶ。大ぶりのレタスが、あっという間に食べられます。

材料（4人分）と下ごしらえ

具

牛しゃぶしゃぶ用肉…400g
サニーレタス…1株　大きめにちぎる。
パプリカ（赤）…1個　縦半分に切って種とへたを取り、細切りにする。

煮汁

鶏ガラスープの素（顆粒）…大さじ1
酒…$\frac{1}{4}$カップ
水…5〜6カップ

たれ 薬味

にんにくナンプラーだれ…適量（P.82参照）
香菜…適量　根元を切り落とし、幅1㎝に刻む。

鍋を始める

鍋に煮汁の材料を入れて火にかける。煮立ったら火を弱め、牛肉、野菜を入れて好みの加減に煮る。にんにくナンプラーだれ、香菜でいただく。

鍋のしめ　ゆでたそうめん、乱切りにしたトマトを加え、あっさりとした汁麺に。

牛肉とトマトのすき焼き

すき焼きの甘辛い味つけが、トマトの酸味で絶妙のバランスに。彩りもきれいで、気軽に作るすき焼きとしておすすめ！

材料（4人分）と下ごしらえ

具

牛もも薄切り肉…400g
トマト…4～5個　縦半分に切ってへたを取り、6～8等分のくし形に切る。
ねぎ…2本　幅2㎝で斜めに切る。

味つけ

A
- **削り節…10g**　お茶パックに入れる。
- **酒…¼カップ**
- **しょうゆ…大さじ3**
- **塩…少々**
- **水…1カップ**

牛脂（またはサラダ油）…適量
砂糖…大さじ4

たれ

卵…4個　取り皿に入れておく。

鍋を始める

1 小鍋にAを入れて火にかけ、ひと煮立ちさせて火からおろし、割り下を作る。削り節は絞って取り出す。

2 すき焼き用の鍋を中火で熱し、牛脂を塗る。牛肉を広げて入れ、すぐに砂糖をふって強火にし、全体にからめながら強火で焼く。

3 牛肉を端に寄せてねぎを加え、1を適量注いで中火にする。1～2分煮てトマトを加え、煮えたところから、溶いた卵をつけていただく。鍋の大きさに合わせ、2回に分けて繰り返し作ってもよい。

鍋のしめ　煮詰まった煮汁に湯をたして味をととのえ、ご飯を入れて雑炊に。仕上げに溶き卵でとじて。

チキンボール鍋

最後に加える生クリームが、濃厚なこくをつけてまろやかに仕上げます。
柔らかく食べ応えのあるチキンボールが人気の洋風鍋！

材料（４人分）と下ごしらえ

具

鶏ひき肉…400g　Ａと合わせてよく混ぜ、肉だねを作る。

Ａ
- 玉ねぎ…½個　みじん切りにする。
- 塩…小さじ½
- こしょう…少々
- 卵…１個
- パン粉…⅔カップ

にんじん…２本　皮をむき、幅１㎝の輪切りにする。

ほうれん草…300g　根元を切り離す。

煮汁

Ｂ
- **チキンスープの素（固形）…１個**
- **ローリエ…１枚**
- **塩…小さじ⅔**
- **こしょう…少々**
- **水…４～５カップ**

生クリーム…１カップ

鍋を始める

1 にんじんは、熱湯で２～３分下ゆでし、ざるに上げる。ほうれん草は、塩少々（材料外）を加えた熱湯でさっと下ゆでし、水にとって水けを絞り、長さを２～３等分に切る。

2 土鍋に**Ｂ**を入れて火にかけ、煮立ったら弱めの中火にする。２本のスプーンで肉だねを丸め、煮汁に落としていく（写真ａ）。アクを取ってにんじんを加え、ふたをして弱火で15分ほど煮る（写真ｂ）。

3 生クリームを加えて混ぜる（写真ｃ）。1 のほうれん草を加え、ひと煮してからいただく。

a
２本のスプーンで肉だねをこそぎながら、丸く形をととのえて煮汁に落とす

b
火の通りにくいにんじんを加え、柔らかく煮る

c
乳脂肪の多い生クリームを加え、濃厚なおいしさを引き出す

鍋のしめ　煮汁が煮詰まってよりクリーミーになったら、切ったバゲットなどを用意し、煮汁に浸しながら食べても。

チキンボール鍋

中国風肉だんご鍋

鶏ガラスープとオイスターソースの深い味わい。
きのこと白菜でボリュームのある鍋に仕上げました。

材料（4人分）と下ごしらえ

具

豚ひき肉…300g　Aと合わせてよく混ぜ、肉だねを作る。

A
- しょうが…1かけ　みじん切りにする。
- ねぎ…½本　みじん切りにする。
- 塩…小さじ½
- 卵…1個
- 小麦粉…大さじ3
- ごま油…大さじ1

白菜…⅙株　食べやすい大きさに、軸はそぎ切り、葉はざく切りにする。

しめじ…200g　石づきを切り落とし、小房に分ける。

煮汁

鶏ガラスープの素（顆粒）…大さじ1
オイスターソース…大さじ2
塩…少々
水…4～5カップ

鍋を始める

1 土鍋に煮汁の材料を入れて火にかけ、煮立ったら弱めの中火にする。2本のスプーンで肉だねを丸め、煮汁に落とす。アクをていねいに取る。

2 白菜、しめじを加えて煮立て、ふたをして弱火で15分ほど煮る。

鍋のしめ　インスタントラーメンを入れ、そのまま煮て。添付のスープは入れずに仕上げる。白菜の残りがあればいっしょに加えて。

餃子鍋

作り置きの餃子があれば、より手軽にできる鍋のひとつ。
子どもから大人まで大人気。たっぷりの餃子で腹持ちもいい！

材料（4人分）と下ごしらえ

具

餃子…20〜24個　右記参照。

チンゲンサイ…2株　葉をはがし、軸は半分にそぎ切りにする。

もやし…1袋　ひげ根を取る。

煮汁

鶏ガラスープの素（顆粒）…大さじ1
塩…小さじ1
しょうゆ…大さじ1
水…4〜5カップ

たれ

酢じょうゆだれ…適量（P.82参照）

餃子の作り方

❶キャベツ200gをゆでて水けを絞り、みじん切りにする。
❷ボウルに、豚ひき肉300g、①、しょうが1かけのみじん切り、しょうゆ・ごま油各大さじ1、塩小さじ1/4、こしょう少々を加えてよく混ぜ、餃子のあんを作る。
❸餃子の皮1袋（大判／20〜24枚）であんを包む。皮の縁に水を塗り、②を小さじ2〜3のせて半分に折って包み、縁を押さえる（写真）。

空気を抜きながら、皮の縁を両手で押さえる。ひだは作らず、はがれないようにする

鍋を始める

1 土鍋に煮汁の材料を入れて火にかけ、煮立ったら餃子を加える。再び煮立ったら弱火にしてアクを取り、ふたをして5分ほど煮る。

2 チンゲンサイ、もやしを加え、煮えたところから酢じょうゆだれにつけていただく。

いかと大根のみそ鍋

いかのうまみがしみた大根が美味。みそ味仕立てで、とても温まります。小松菜は一度に入れず、継ぎたしながら食べるとよいでしょう。

材料（４人分）と下ごしらえ

具

いか…２杯　さばいてわたを取る（P.123 参照）。
大根…$\frac{1}{2}$本　皮をむいて縦４つ割りにし、乱切りにする。
小松菜…300g　根元を切り落とし、軸を半分に切る。

煮汁

A
削り節…10g　お茶パックに入れる。
水…４～５カップ
しょうゆ…大さじ２

B
みそ…大さじ４
しょうが…２かけ　すりおろす。

鍋を始める

1 いかの胴は、幅１㎝の輪切りにする（写真 a）。足は１本ずつに切り離す。

2 土鍋に **A**、大根を入れて火にかける。煮立ったら弱火にし、ふたをして15 分ほど煮る（写真 b）。器に **B** を入れてよく混ぜる。

3 土鍋にいかを加える。2 の**B**に、煮汁を大さじ２～３たしてのばし、土鍋に加えて混ぜる（写真 c）。ふたをして５分ほど煮、小松菜を加えて煮えたところからいただく。

鍋のしめ　ご飯を入れて雑炊に。薬味として梅干しをのせてもおいしい。

a　わたを抜いたほうから、幅をそろえて輪切りにする

b　大根が柔らかくなるまで先に煮て、味をしみ込みやすくする

c　煮汁でみそをのばして加え、全体に混ぜる。煮過ぎないようにして、みその風味を生かす

いかと大根のみそ鍋

ぶりのしょうが風味鍋

たっぷりのしょうががきいた、ぶりの鍋です。
ぶりが旬の冬場には、何度もリピートしたくなる一品！

材料（４人分）と下ごしらえ

具

ぶりの切り身…４切れ　長さを３～４等分に切り、塩少々をまぶして10分以上おく。

白菜…⅙株　食べやすい大きさに、軸はそぎ切り、葉はざく切りにする。

生しいたけ…４個　石づきを切り落とし、半分にそぎ切りにする。

煮汁

A
- **昆布…５g**
- **塩…小さじ½**
- **水…４～５カップ**
- **酒…½カップ**

にんにく…１かけ　すりおろす。

しょうが…４かけ　すりおろす。

七味唐辛子…少々

鍋を始める

1 土鍋にＡを入れて火にかけ、煮立ったら白菜、しいたけを加える。再び煮立ったら弱火にし、ふたをして10分ほど煮る。

2 ぶりの表面の水けを、ペーパータオルで拭く。1に加えて再び煮立ったらアクを取り、にんにく、しょうがを合わせて加える。七味唐辛子をふり、煮えたところからいただく。

鍋のしめ　ゆでうどんを入れ、ひと煮させていただく。魚介のだしの出た汁が絶品。

湯豆腐

豆腐にすを入れないように、弱火でじっくりと温めるのがコツ。えのきたけ、わけぎといっしょに上品な仕上がりに。

材料（４人分）と下ごしらえ

具

絹ごし豆腐…２丁　それぞれ６等分に切る。
えのきたけ…200g　根元を切り落としてほぐす。
わけぎ…１束　長さ４㎝に切る。

煮汁

昆布…５g
水…４～５カップ
酒…½カップ

たれ

ねぎだれ…適量（P.82 参照）

鍋を始める

土鍋に煮汁、豆腐を入れ、弱めの中火にかけてゆっくりと温める。えのきたけ、わけぎを加えて煮、煮立ちそうになったらさらに火を弱める。煮えたところから、ねぎだれをつけていただく。

鍋のしめ

ゆでたそうめんを入れてひと煮し、にゅうめんとしていただく。

鍋をもっと
おいしくする！

味わい調味料&薬味

煮汁やたれの味に変化をつける調味料や、具のおいしさを引き立てる薬味です。

辛み　味のアクセントになります。

豆板醤《トウバンジャン》

中国の唐辛子みそ。アジア風鍋の煮汁に加えたり、具に添えてみて。

コチュジャン

もち米や唐辛子を熟成させた韓国の調味料。辛さの中に甘みがある。

一味唐辛子

乾燥させた唐辛子を粉末にしたもの。ほかに風味ある香辛料を混ぜた七味唐辛子もある。

もみじおろし

大根に赤唐辛子を差し込み、おろし器ですりおろしたもの。和風鍋に合うピリ辛の薬味。

カレー粉

複数のスパイスをミックスしたカレー粉。煮汁の味つけのほか、薬味としても新鮮。

酸味　さっぱりした味わいにします。

すだち

徳島県原産の柑橘類。食べる直前に果汁をしぼってさっぱりいただく。

かぼす

ゆずの仲間で、酸味が強く独特の香りがある。食べる直前に果汁をしぼる。

粒マスタード

辛みが少なく、香りやほのかな酸味がある。ポトフなど洋風鍋に添えて。

ポン酢しょうゆ

柑橘類の果汁にしょうゆを混ぜた調味料。具にかけたり、たれとして使う。

風味　おいしさをグレードアップ！

ゆずこしょう

青唐辛子の辛みがきいたゆず風味の調味料。鍋のしめにも欠かせない。

すりごま

香ばしいごまの風味とこくを加える。仕上げにかけたり、たれに加える。

おろししょうが

しょうがをすりおろしたもの。さわやかな風味とともに、辛みがある。

大根おろし

さっぱりした食感で食が進む。和風鍋、こってり系味の鍋におすすめ。

粉山椒

山椒の実の粉末で、ピリッとした独特な香味がある。和風や中国風鍋に。

粉チーズ

洋風鍋、ミルク味の鍋の仕上げに、ひとふりすればこくがアップ。鍋のしめにも活躍。

さらしねぎ

小口切りにしたねぎを水にさらしたもの。和風鍋、湯豆腐、鍋のしめなどに。

万能ねぎ

小口切りにして、和風やアジア風鍋の薬味に。風味や彩りをつける。

香菜

パクチー、シャンツァイとも呼ばれ、アジア風鍋に独特な風味、味わいを加える。

2章

人気の和風鍋

親しい友人や身内が集まる食卓でも、鍋料理は大人気です。特に、なじみの具が入ったものや、だれもが知っている和風鍋、ふるさとの鍋は好評です。2章では、定番の鍋から時間をかけても作りたい鍋まで、バリエーション豊富にラインアップしました。ぜひ、わが家の鍋に加えてみてください。おいしい鍋を囲めば会話も弾み、一段と楽しい団らんに。

水炊き 36
ちゃんこ鍋 38
きりたんぽ鍋 40
うどんすき 42
豚肉と水菜のはりはり鍋風 43
豚肉と野菜の蒸し鍋 44
もつ鍋 46
ほうとう鍋 48
すき焼き 50
しゃぶしゃぶ 52
いも煮鍋 54
牛すじ鍋 56
牛肉とごぼうの柳川鍋風 58
鶏だんごの豆乳鍋 60
寄せ鍋 62
かに鍋 64
かきのみそ鍋 66
石狩鍋 68
たらちり 69
いわしのつみれ鍋 70
鯛とねぎの鍋 72
きんめ鯛のしゃぶしゃぶ 74
さわらのかす汁鍋 75
おでん 76
みそ煮込みおでん 78

水炊き

骨つきの鶏肉を水から炊いた、九州地方の郷土鍋です。今では、すっかり人気の定番鍋に。ポン酢しょうゆにつけながら、さっぱりといただきます。

ゆでた鶏肉を氷水にとる。洗って余分な脂肪や血液のかたまりを落とし、身をしめる

アクをアク取りなどでていねいに取ることで、えぐみのない澄んだ煮汁になる

味の出るきのこ類を加えてさらに煮る

材料（４人分）と下ごしらえ

具

鶏骨つきぶつ切り肉…400g　熱湯で軽くゆで、冷水にとって洗う（写真 a）。

キャベツ…½個　かたいしんを除き、ざく切りにする。

春菊…150g　葉を摘み取る。

しめじ…200g　石づきを切り落として小房に分ける。

えのきたけ…200g　根元を切り落としてほぐす。

エリンギ…200g　縦４等分に裂いて、長さを２～３等分に切る。

煮汁

昆布…５g

塩…小さじ１

水…５～６カップ

たれ 薬味

ポン酢しょうゆ、万能ねぎの小口切り…各適量

鍋を始める

1 土鍋に煮汁の材料、鶏肉を入れて火にかけ、煮立ったら弱火にしてアクを取り、ふたをして 20分ほど煮る（写真 b）。

2 キャベツ、しめじ、えのきたけ、エリンギを加え、再びふたをして15分ほど煮る（写真 c）。

3 食べる直前に春菊を加える。万能ねぎを添えたポン酢しょうゆにつけながらいただく。

鍋のしめ　ご飯を入れて雑炊に。溶き卵でとじて、鶏だしのうまみを閉じ込めるとよりおいしい。

水炊き

ちゃんこ鍋

相撲部屋で、力士たちによって作られる鍋料理として、広く知られているちゃんこ鍋。具だくさんで、味わい豊かな鍋です。まずは定番のしょうゆ味に挑戦しましょう。

材料（4人分）と下ごしらえ

具

鶏もも肉…1枚
一口大に切る。

鶏ひき肉…300g
Aと合わせて練り混ぜ、肉だねを作る。

A
- ねぎ…⅓本分　みじん切りにする。
- しょうが…1かけ　みじん切りにする。
- 卵…1個
- 小麦粉…大さじ2
- 塩…小さじ⅓

ごぼう…1本　皮をこそぎ、幅1㎝で斜めに切り、5分ほど水にさらす。

大根…½本　厚さ1㎝のいちょう切りにする。

白菜…¼株　食べやすい大きさに、軸はそぎ切り、葉はざく切りにする。

にら…1束　長さ3～4㎝に切る。

油揚げ…2枚　三角形に8等分に切る。

絹ごし豆腐…1丁　12等分に切る。

煮汁

B
- **削り節…10g**　お茶パックに入れる。
- **酒…½カップ**
- **塩…小さじ½**
- **水…4～5カップ**

しょうゆ…大さじ2

薬味　**すりごま、ゆずこしょう…各適量**

鍋を始める

1 油揚げは軽くゆでて油抜きし、ざるに上げて湯をきる（写真a）。土鍋にBを入れて煮立て、肉だねを一口大にスプーンですくって落とす（写真b）。アクはていねいに取る。

2 1の土鍋に鶏肉、水けをきったごぼう、大根、白菜、油揚げを加える（写真c）。再び煮立ったら弱火にし、ふたをして15分ほど煮る。

3 しょうゆを加えて味をととのえる（写真d）。豆腐、にらを加えてひと煮し、すりごま、ゆずこしょうをつけながらいただく。

鍋のしめ

ご飯、うどん、そうめんと好みのものを入れてひと煮させる。溶き卵でとじて、ねぎやしょうがなど、薬味を散らしていただく。

軽くゆでることで、表面の油が取れて煮汁がしみやすくなる

肉だねを片手で軽く握り、親指と人差し指の間から一口大に絞り出す。それをスプーンですくい、鍋に落とし入れてゆでる

火の通りにくいものから加えていく

しょうゆは、最後に加えて風味を生かす

ちゃんこ鍋

きりたんぽ鍋

秋田名物のきりたんぽ鍋。鶏ガラを煮だして作ったスープに、せりは欠かせません。ご飯をつぶして棒にさして焼く、手作りのきりたんぽが好評です。

材料（４人分）と下ごしらえ

具

鶏もも肉…２枚
一口大に切り、
塩少々をふって下味をつける。

ご飯（炊きたて）…600g
塩水（塩小さじ½、水½カップ）

ごぼう…１本　皮をこそぎ、ささがきにして５分ほど水にさらす。

まいたけ…200g　小房に分ける。

ねぎ…１本　幅１cmで斜めに切る。

せり…１束　長さ４～５cmに切る。

＊割り箸を４膳用意する。

煮汁

鶏ガラ…１羽分

A
- **塩…小さじ１**
- **酒…½カップ**
- **水…５～６カップ**
- **ねぎの青い部分…１本分**
- **しょうがの薄切り…３～４枚**

ナンプラー※…大さじ２～３

※ナンプラーがなければ、しょうゆ大さじ２、塩小さじ½で代用してもよい。

鍋を始める

1 鶏ガラは熱湯に通し、水にとって洗う。鍋に入れ、Ａを加えて強火にかける（写真ａ）。煮立ったら弱火にしてアクを取り、ふたをして１時間ほど煮る。

2 きりたんぽを作る。ボウルにご飯を入れ、塩水をつけたすりこ木などでよくつぶす。４等分にして楕円形にまとめ、割り箸を１膳ずつさして形をととのえる（写真ｂ）。しばらくおいてべたつきがなくなったら、割り箸にアルミホイルを巻きつけ、熱したグリルで10分ほど焼く。粗熱をとって割り箸を抜き、食べやすく切る（写真ｃ）。

3 厚手のペーパータオルを敷いたざるで、1の煮汁をこして、土鍋に移す。火にかけて煮立て、鶏肉、水けをきったごぼう、まいたけを加える（写真ｄ）。再び煮立ったら弱火にしてアクを取り、ふたをして10分ほど煮る。味をみて、ナンプラーで味をととのえ、ねぎ、2、せりを加えて煮えたところからいただく。

鶏ガラでうまみたっぷりの煮汁を。鶏ガラがない場合は、鶏ガラスープの素大さじ１（ほかの材料は同じ）で煮汁を作ってもよい

手に塩水をつけながら、つぶしたご飯を割り箸にしっかりとつけて、棒状にととのえていく

焼き色がつくまで焼く。粗熱をとって割り箸を抜き、さましてから切り分ける

味の出る鶏肉、ごぼう、きのこから加えて煮る

きりたんぽ鍋

うどんすき

鶏肉やえび、野菜のほか、
生麩やゆばの入った和風鍋に、
うどんを加えた華やかな鍋。
おいしい煮汁を吸ったうどんが
鍋の醍醐味です。

材料（4人分）と下ごしらえ

具

鶏胸肉…1枚 一口大のにそぎ切りにし、Aをまぶす。

A
- しょうがのすりおろし汁…大さじ½
- 塩…少々

えび…8尾 背わたを取り、尾から一節残して殻をむく。

にんじん…½本 厚さ7㎜の輪切りにし、好みの型で抜く。

白菜…⅛株 食べやすい大きさに、軸はそぎ切り、葉はざく切りにする。

三つ葉…2株 長さ2㎝に切る。

生麩…140g 幅1㎝に切る。

ゆば（乾燥）…40g 水につけてもどし、幅2㎝に切る。

ゆでうどん…3玉

煮汁

削り節…10g お茶パックに入れる。

昆布…5g

薄口しょうゆ…大さじ2

塩…小さじ1

水…5～6カップ

鍋を始める

1 土鍋に煮汁の材料を入れて火にかける。煮立ったら鶏肉、ゆでうどんを加える。再び煮立ったら弱火にしてアクを取り、ふたをして10分ほど煮る。

2 えび、にんじん、白菜、生麩、ゆばを加え、ふたをしてさらに10分ほど煮る。

3 最後に三つ葉を加え、煮えたところからいただく。

豚肉と水菜のはりはり鍋風

本来は、くじら肉を使う関西地方でよく食べられる鍋ですが、身近な豚肉に代えてアレンジ。好みで七味や粉山椒をふっても。

材料（４人分）と下ごしらえ

具

豚ロース薄切り肉…300g
水菜…150g 根元を切り落とし、長さ10㎝に切る。
生しいたけ…４個 石づきを切り落とし、幅1㎝に切る。
ねぎ…１本 幅２㎝で斜めに切る。
絹ごし豆腐…１丁 12等分に切る。

煮汁

削り節…10g お茶パックに入れる。
昆布…５g
酒…½カップ
みりん…½カップ
しょうゆ…大さじ３
水…３～４カップ

鍋を始める

1 土鍋に煮汁の材料を入れて火にかける。煮立ったら弱火にし、豚肉を広げながら入れる。

2 アクが出たら取り、しいたけ、ねぎ、豆腐を加える。最後に水菜を加えて、煮えたところからいただく。

鍋のしめ
ゆでうどんを入れて軽く煮込み、すだちやかぼすをしぼってあっさりといただく。残った水菜を加えても。

豚肉と野菜の蒸し鍋

土鍋に中敷きをして、趣を変えて蒸し鍋に。塩こうじをからめた豚肉は柔らかく、食材そのもののシンプルなおいしさが味わえます。ポン酢しょうゆでさっぱりと。

材料（４人分）と下ごしらえ

具

豚しょうが焼き用肉…300g
塩こうじ…大さじ４
キャベツ…½個　かたいしんを除き、食べやすく切る。
もやし…１袋　ひげ根を取る。
にんじん…½本　皮をむき、幅１cmの輪切りにする。
かぼちゃ…¼個　種とわたを取り、半分に切って幅１cmに切る。
パプリカ（赤）…１個　縦半分にして種とへたを取り、縦に幅１cmに切る。
グリーンアスパラガス…４本　かたい根元を折り、下のほうの皮をむき、長さを半分に切る。

たれ 薬味

ポン酢しょうゆ、おろししょうが…各適量

鍋を始める

1 豚肉に塩こうじをからめて、20分ほどおく（写真 a）。

2 土鍋に水適量を入れ、専用の中敷きをセットする。アスパラガス以外の野菜を並べ、その上に豚肉を広げてのせる（写真 b）。最後にアスパラガスを添えて火にかける（写真 c）。

3 蒸気が上がってきたら、ふたをして５分ほど蒸す。火の通ったところから、ポン酢しょうゆとおろししょうがでいただく。鍋の大きさに合わせ、中敷きの下の湯、具をたしながら、繰り返し作ってもよい。

a

塩こうじをまぶし、まろやかな塩けとうまみを加える

b

野菜を豚肉でおおうようにのせる。豚肉のうまみが野菜に移り、野菜を巻きながらも食べられる

c

彩りや盛りつけのバランスを見て、アスパラガスを添える

豚肉と野菜の蒸し鍋

もつ鍋

九州や関西地方で食べられていたもつ鍋ですが、今では全国区でファンの多い鍋に。おいしく食べるコツは、もつの臭みを抜く下ゆでを、もう一度ていねいにすることです。

材料（４人分）と下ごしらえ

具

豚もつ（下ゆで済み）…600g

ごぼう…１本　皮をこそぎ、斜め薄切りにして水に５分さらす。

もやし…１袋　ひげ根を取る。

キャベツ…½個　かたいしんを除き、４㎝四方に切る。

にら…１束　長さ４～５㎝に切る。

煮汁

削り節…５g　お茶パックに入れる。

鶏ガラスープの素…大さじ１

しょうゆ…大さじ２

みりん…大さじ２

塩…小さじ½

水…３～４カップ

薬味

にんにく…１かけ　薄切りにする。

赤唐辛子の輪切り… 少々

鍋を始める

1 豚もつは、たっぷりの熱湯で２～３分ゆでる。ざるに上げてから水の中でよくもみ洗いし（写真 a）、水けをきる。

2 土鍋に煮汁の材料、水けをきったごぼうを入れて煮立て、1を加える（写真 b）。再び煮立ったら弱火にしてアクをていねいに取り、ふたをして15分ほど煮る。

3 もやし、キャベツを加え（写真 c）、ふたをして弱火で５分ほど煮る。にら、にんにく、赤唐辛子の輪切りをのせ、煮えたところからいただく。

鍋のしめ　インスタントラーメン、またはゆでた中華麺を入れてひと煮する。残った野菜を加えてボリュームアップしても。

余分な脂肪や汚れを除くと、もつの臭みがなくなる。何度か水をかえて洗うとよい

ごぼうとともに豚もつを煮込む。アクをこまめに取ると、より臭みがなくなる

もつが煮えたら、にら以外の野菜をのせる。かさのある野菜は、食べながらたしていってもよい

もつ鍋

ほうとう鍋

山梨県の郷土料理、ほうとうを鍋にしました。根菜や甘みのあるかぼちゃと食べ応えのあるほうとう麺で、みそ味の素朴な鍋に仕上げています。

材料（４人分）と下ごしらえ

具

豚こま切れ肉…200g　豚肉に塩少々をふって下味をつける。
大根…½本　皮をむき、厚さ５㎜のいちょう切りにする。
里いも…３個　皮をむき、厚さ１㎝に切る。
にんじん…１本　皮をむき、小さめの乱切りにする。
生しいたけ…４個　石づきを切り落とし、４つ割りにする。
かぼちゃ…¼個　種とわたを取り、厚さ１㎝の一口大に切る。
わけぎ…２～３本　幅１㎝に切る。
ほうとう麺（生）…250～300g

煮汁

A
- **削り節…10g**　煮干しといっしょにお茶パックに入れる。
- **煮干し…５尾**
- **みそ…大さじ２**
- **水…５～６カップ**

みそ…大さじ３～４

薬味

七味唐辛子…適量

鍋を始める

1 鍋に、大根、里いも、にんじん、かぶるくらいの水を入れて煮立てる。２～３分下ゆでし、ざるに上げて水けをきる。土鍋にAを入れてそのみそを溶かし、豚肉を加えて火にかける。煮立ったら弱火にしてアクを取る（写真 a）。

2 1の土鍋に、しいたけ、下ゆでした野菜を加えて煮立て、ふたをして弱火で10分ほど煮る。

3 ほうとう麺を加える（写真b）。静かに混ぜながら煮立て、みそ、かぼちゃを加えて混ぜ、ふたをして弱火で15～20分煮る（写真 c）。わけぎを散らし、器に盛って好みで七味唐辛子をふる。

豚肉を煮て、そのうまみをだしとして煮汁に移す

ほうとう麺を手でさばきながら加え、くっつかないようにする

煮くずれしやすいかぼちゃを最後に加えて煮込む

ほうとう鍋

すき焼き

このすき焼きは、関東風、関西風の作り方の折衷タイプ。牛肉を焼いてから野菜を入れ、割り下を加えて仕上げました。濃厚ながらしつこさのない味わいです。

材料（4人分）と下ごしらえ

具

牛薄切り肉…400g

焼き麩…4個　水につけて戻し、水けを絞って半分に切る。

焼き豆腐…1丁　12～14 等分に切る。

白菜…1/8株　食べやすい大きさに、軸はそぎ切り、葉はざく切りにする。

ねぎ…1本　幅 2㎝で斜めに切る。

えのきたけ…200g　根元を切り落としてほぐす。

生しいたけ…4個　石づきを切り落とし、かさに十字の切り込みを入れる。（P.123 参照）

春菊…100g　葉を摘み取る。

味つけ

A
- **削り節…5g**　お茶パックに入れる。
- **酒…大さじ3**
- **しょうゆ…大さじ4**
- **水…1カップ**

牛脂（またはサラダ油）…適量

砂糖…大さじ6～8

たれ

卵…4個　取り皿に入れておく。

鍋を始める

小鍋に **A** を入れてひと煮立ちさせ、火からおろして割り下を作る。削り節は絞って取り出す。すき焼き用の鍋を中火で熱し、牛脂を塗る。

牛肉を広げて、あまり重ねないようにして並べる。

すぐに砂糖をふりかけて強火にし、牛肉に砂糖をからめるようにして、端に寄せる。

すき焼き

4 用意した焼き麩、焼き豆腐、春菊を除いた野菜をバランスよく入れる。

5 割り下を適量注いでひと煮し、仕上げに春菊を加える。煮えたところから、溶いた卵をつけていただく。鍋の大きさに合わせ、2回に分けて繰り返し作ってもよい。

鍋のしめ 煮詰まった煮汁に太めのゆでうどんを入れ、よく煮からめて。甘辛い味がしみ込んで美味。残った春菊を加えて風味と彩りを。

しゃぶしゃぶ

煮汁に牛肉や野菜をくぐらせたり、振り動かしたりして、好みの加減に火を通します。ポン酢しょうゆや、手作りのごまねぎだれでどうぞ。

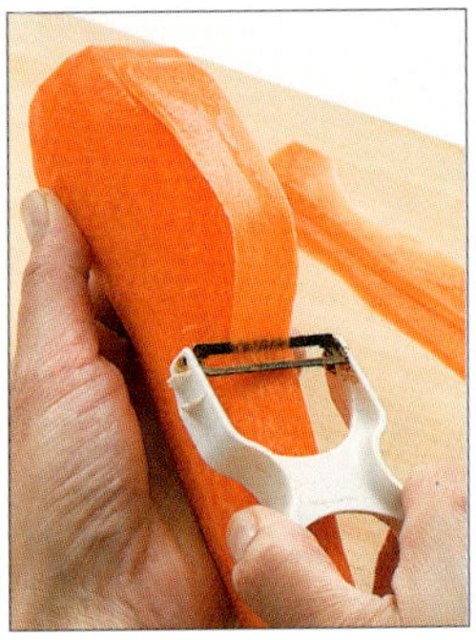

皮むき器を使えば、にんじんの薄切りも簡単にできる。こうすると、すぐに火が通って食べやすくなる

材料（４人分）と下ごしらえ

具

牛しゃぶしゃぶ用肉…400g
ねぎ…２本 長さ 10㎝に切り、縦４つ割りにする。
にんじん…１本 皮むき器で縦に薄く削る（写真）。
にら…１束 長さ 10㎝に切る。
えのきたけ…200g 根元を切り落としてほぐす。
エリンギ…100g 縦に薄切りにする。
春菊…150g 葉を摘み取る。
くずきり（乾物）…50g 袋の表示通りにもどす。

煮汁

昆布…５g
酒…½カップ
水…５～６カップ

たれ

ポン酢しょうゆ…適量
ごまねぎだれ…適量（P.82 参照）

鍋を始める

1 土鍋に煮汁の材料を入れる。

2 牛肉や野菜などを、器に盛り合わせておく。

3 1を火にかけて煮立ったら、牛肉や野菜などを好みの加減に火を通し、ポン酢しょうゆやごまねぎだれをつけていただく。

鍋のしめ

煮汁を塩やしょうゆで味をととのえ、ゆでたそうめんを入れる。好みの薬味をたっぷりと加えても。

しゃぶしゃぶ

いも煮鍋

牛肉や里いも、きのこなどがたっぷり入った山形県の郷土料理です。
しょうゆ味でしっかりと煮しめた里いもは、柔らかくてとろりとした食感です。

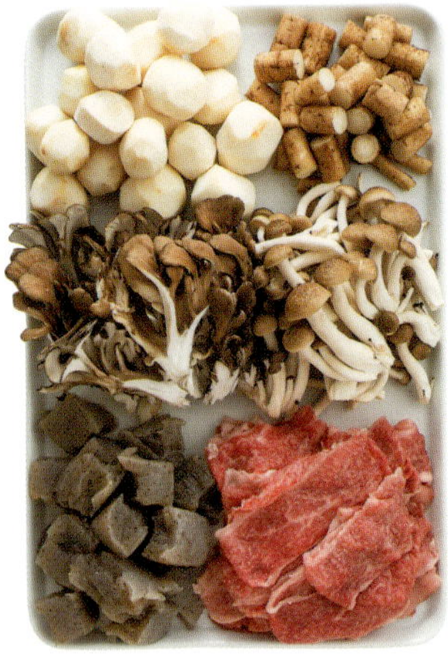

材料（４人分）と下ごしらえ

具

- **牛切り落とし肉…200g**
- **里いも（小さめ）…800g**　皮をむく。
- **ごぼう…１本**　皮をこそぎ、長さ２㎝に切って５分ほど水にさらす。
- **しめじ…200g**　石づきを切り落とし、小房に分ける。
- **まいたけ…200g**　小房に分ける。
- **こんにゃく…１枚**　一口大に手でちぎる。

煮汁

- **削り節…10g**　お茶パックに入れる。
- **砂糖…大さじ３**
- **しょうゆ…大さじ４**
- **水…３～４カップ**

薬味

- **ねぎ…½本**　小口切りにして水にさらし、ペーパータオルで包んで水けを絞る。
- **七味唐辛子…適量**

鍋を始める

1 鍋に里いもとかぶるくらいの水を入れて煮立て、泡が出るまで下ゆでする（写真 a）。ざるに上げてさっと水洗いし、表面のぬめりを取る。こんにゃくは、熱湯で２～３分下ゆでする。

2 土鍋に煮汁の材料、里いも、ごぼう、しめじ、まいたけ、こんにゃくを入れて火にかける（写真 b）。煮立ったら弱火にしてアクを取り、ふたをして 25 分ほど煮る。

3 牛肉を、大きいものは手で食べやすくちぎって加える（写真 c）。ひと混ぜして火を通し、鍋の中央にねぎをのせ、七味唐辛子をふっていただく。

a

ぶくぶくと白っぽい泡が出るまでゆで、ざるに上げて水洗いする

b

きのこ類は、火が通るとかさが減るのでたっぷりとのせても大丈夫

c

牛肉を適当にちぎり、ところどころに落としてさっと煮る

鍋のしめ　具が少し残ったところに、ゆでうどんを入れて煮込んでもおいしい。さらしねぎをたっぷりのせて。

いも煮鍋

牛すじ鍋

土鍋でコトコトと煮込んだ牛すじは、柔らかく、とろりと濃厚な味になります。
その牛すじのうまみがしみた大根やこんにゃくが絶品。作り置きしたくなる鍋です。

材料（4人分）と下ごしらえ

具

牛すじ肉…500g
ごぼう…1本　皮をこそげ、乱切りにして5分ほど水にさらす。
大根…½本　皮をむいて縦4つ割りにし、乱切りにする。
にんじん…1本　皮をむき、厚さ2㎝のいちょう切りにする。
ねぎ…1本　長さ2㎝に切る。
こんにゃく…1枚　表面に細かく切り目を入れて一口大に切る。

煮汁

A
しょうが…1かけ　薄切りにする。
にんにく…2かけ　薄切りにする。
酒…½カップ
水…4～5カップ

砂糖…大さじ2
しょうゆ…大さじ3

薬味

ねぎ（薄い緑色の部分）…1本分　みじん切りにする。
七味唐辛子…適量

鍋を始める

1 牛すじ肉はたっぷりの熱湯に入れ、2～3分ゆでる。ざるに上げて湯をきり、水の中でよく洗う（写真a）。水けをきって、一口大に切る。こんにゃくは、熱湯で2～3分下ゆでする。

2 土鍋に1の牛すじ肉、Aを入れて火にかける（写真b）。煮立ったら弱火にしてアクを取り、ふたをして1時間ほど煮る。

3 2に砂糖、しょうゆを加え、ふたをして弱火で30分ほど煮る。具の野菜、こんにゃくを加え、再びふたをして30分ほど煮る（写真c）。全体に混ぜて、ねぎのみじん切りを散らし、七味唐辛子をふる。

a
汚れや脂肪をていねいに洗い落として臭みを取り、食べやすくする

b
臭み消しのしょうが、にんにくを加え、牛すじ肉をまろやかに煮ていく

c
野菜を加えてさらに煮込む。ときどき上下を返すように混ぜるとよい

鍋のしめ　うまみやコラーゲンの出た煮汁に、ゆでうどんを投入。しっかりと味を煮からめていただく。

牛すじ鍋

牛肉とごぼうの柳川鍋風

どじょうの代わりに、ごぼうと合う牛肉の細切りを鍋に。
卵でとじた甘辛味は、ご飯が進むこと請け合い！

材料（４人分）と下ごしらえ

具

牛焼き肉用肉…300g　幅１㎝に切る（写真 a）。

ごぼう…１本　皮をこそげ、長めのささがきにして５分ほど水にさらす。

ねぎ…１本　長さ４㎝に切り、縦４つ割りにする。

三つ葉…１株　根元を切り落とし、長さ２㎝に切る。

卵…３個

煮汁

削り節…10g　お茶パックに入れる。

みりん…大さじ３

しょうゆ…大さじ３

酒…大さじ３

水…2½カップ

薬味

粉山椒…少々

鍋を始める

1 土鍋に煮汁の材料を入れて煮立て、水けをきったごぼうを加えて広げる（写真 b）。再び煮立ったら弱火にし、ふたをして10分ほど煮る。その間に、卵を溶きほぐしておく。

2 煮えたごぼうの上にねぎを散らし、牛肉を均等にのせていく（写真 c）。軽く混ぜて肉の色が変わったら、溶き卵を回し入れてふたをし、好みの程度に卵に火を通す。仕上げに三つ葉、粉山椒を散らす。

鍋のしめ　茶碗に盛ったご飯に、残した具を煮汁ごとかけて、どんぶり風に仕立てるのもおすすめ。

a
牛肉は、大きさをそろえて細長く切り、どじょうに似せる

b
浅めの鍋に、ごぼうを広げて入れる。ごぼうの風味を煮汁に移しながら煮る

c
鍋全体に広げて牛肉をのせ、牛肉に火が通るように軽く混ぜる

牛肉とごぼうの柳川鍋風

鶏だんごの豆乳鍋

大きめに作った鶏だんごや、根菜が主の野菜は食べ応えあり。
具が柔らかく煮えてから豆乳を加えてひと煮し、まろやかなおいしさに仕上げました。

材料（4人分）と下ごしらえ

具

鶏ひき肉…500g
Aと合わせて練り混ぜ、
直径3cmに丸めて、鶏だんごを作る。

A
- 万能ねぎ…5本　みじん切りにする。
- おろししょうが…大さじ1
- 卵…1個
- パン粉…⅔カップ
- 塩…小さじ½

にんじん…1本　皮をむき、薄い半月切りにする。
たけのこの水煮…150g　小さめの乱切りにする。
かぶ…3個　茎を2cm残して皮をむき、8つ割りにする。
白菜…⅛株　食べやすい大きさに、軸はそぎ切り、
葉はざく切りにする。
きぬさや…20g　へたと筋を取り、
塩少々を加えた熱湯でゆでる。

煮汁

B
- **削り節…10g**　お茶パックに入れる。
- **昆布…5g**
- **塩…小さじ½**
- **水…3〜4カップ**

豆乳…1カップ
塩…少々

鶏だんごは、大きめに丸めて食べ応えのある具に。煮汁が煮立ったところに落として火を通す

最初に根菜類を彩りよく散らし、その後に白菜を加えて煮ていく

豆乳は鍋全体にいき渡らせる。鶏のうまみと合い、まろやかな味わいになる

鍋を始める

1 土鍋にBを入れて火にかけ、煮立ったら鶏だんごを加える（写真a）。再び煮立ったら、弱火にしてアクを取る。

2 にんじん、たけのこ、かぶ、白菜を加える（写真b）。再び煮立ったら、ふたをして弱火で10分ほど煮る。

3 豆乳を回し入れる（写真c）。味がたりなければ塩を加え、仕上げにきぬさやを散らし、煮えたところからいただく。

鍋のしめ
ゆでたそうめんを入れて、やさしい味の豆乳にゅうめんに。
七味唐辛子をふって味に変化をつけても。

鶏だんごの豆乳鍋

寄せ鍋

海の幸、山の幸が盛り込まれた豪華な鍋。それぞれの具材からうまみが出て、だれもがおいしくいただけます。わが家ならではの具を加えて楽しんでも。

霜ふりは、魚の表面がうっすらと白っぽくなったらすぐに取り出す

煮汁の材料にはまぐりを加え、魚介のうまみの多いだしをとる

全体のバランスを見ながら、鍋に入る分量を加える。野菜などは、食べながらたしていってもよい

材料（４人分）と下ごしらえ

具

きんき（ぶつ切りにしたもの）…１尾分
車えび…４尾　背わたを取る（P.122参照）。
はまぐり…４個　海水程度の塩水に入れて砂出しし、表面を洗う（P.123 参照）。
鶏もも肉…１枚　一口大に切り、塩少々をふって下味をつける。
ねぎ…１本　幅２cmで斜めに切る。
生しいたけ…４個　石づきを切り落とす。
白菜…¼株　食べやすい大きさに、軸はそぎ切り、葉はざく切りにする。
にんじん…½本　厚さ５㎜の輪切りにし、好みの型で抜く。
春菊…100g　葉を摘み取る。

煮汁

削り節…10g　お茶パックに入れる。
昆布…５g
しょうゆ…大さじ２
みりん…大さじ３
塩…少々
水…４～５カップ

鍋を始める

1　小さめのざるにきんきを入れ、鍋に沸かした熱湯につけて霜ふりにする（写真 a）。すぐに水にとり、そっと洗って水けをきる。

2　土鍋に煮汁の材料、はまぐりを入れて火にかける（写真 b）。

3　煮汁が煮立ったら、鶏肉、春菊以外の野菜、きんき、車えびの順に彩りよく加える（写真 c）。再び煮立ったら弱火にしてアクを取り、ふたをして 10 分ほど煮る。春菊を加え、煮えたところからいただく。

鍋のしめ　ご飯を入れ、溶き卵でとじて卵雑炊に。ゆでうどんやゆでた中華麺を加え、あっさりといただいても。

寄せ鍋

かに鍋

かにのおいしさはもちろんのこと、うまみたっぷりのだし汁が美味。煮汁がからみやすい淡白な野菜やくずきりを合わせ、そのおいしさを味わいます。

材料（４人分）と下ごしらえ

具

ゆでかに（鍋用にさばいたもの）※**…約600g**
白菜…¼株　食べやすい大きさに、軸はそぎ切り、葉はざく切りにする。
水菜…150g　根元を切り落とし、長さ５㎝に切る。
生しいたけ…４個　石づきを切り落とし、４つ割りにする。
えのきたけ…200g　根元を切り落としてほぐす。
くずきり（乾物）…100g　袋の表示通りにもどす。
※冷凍ゆでかにの場合は、冷蔵庫で解凍してから使う。

煮汁

昆布…５g
酒…½カップ
薄口しょうゆ…大さじ２
塩…少々
水…４～５カップ

鍋を始める

1 鍋に煮汁の材料を入れて火にかける。煮立ったらかに、水菜以外の具を入れる（写真 a）。再び煮立ったら弱火にしてアクを取り、ふたをして10分ほど煮る。

バランスよく、具を詰め寄せていく

2 中心にかにを加えてひと煮する（写真 b）。仕上げに水菜を加え、煮えたところからいただく。

かにを加えて火を通す。気になるアクは、その都度取るとよい

鍋のしめ　おいしい煮汁で雑炊がおすすめ。かにのほぐし身を混ぜたり、卵でとじてもおいしい。好みで麺類にしても OK。

かに鍋

かきのみそ鍋

広島の郷土料理であるかきの土手鍋を、みそ味の鍋として作りやすくアレンジ。相性のよい野菜や豆腐といっしょに、かきをふっくらと煮ていただきます。

材料（4人分）と下ごしらえ

具

かき…600g
　塩…少量

白菜…¼株　食べやすい大きさに、軸はそぎ切り、葉はざく切りにする。

ねぎ…1本　幅2cmで斜めに切る。

ごぼう…1本　皮をこそげ、ささがきにして5分ほど水にさらす。

えのきたけ…200g　根元を切り落としてほぐす。

きぬさや…40g　へたと筋を取り、斜めに2～3つに切る。

絹ごし豆腐…1丁　12等分に切る。

煮汁

A
- **みそ…大さじ6**
- **砂糖…大さじ1**
- **酒…大さじ3**

B
- **酒…½カップ**
- **水…3カップ**

鍋を始める

1　ボウルにかき、塩を入れ、手早く混ぜて汚れを落とす（写真a）。水を注いで軽く混ぜて洗い、汚れた水を流す。これを3～4回繰り返して水けをきり、ペーパータオルを敷いたバットにかきを並べ、さらに水けをきる。きぬさやは、塩少々（分量外）を加えた熱湯でさっとゆでる。

2　ボウルに**A**を入れ、スプーンで混ぜてみそをのばす。土鍋に**B**を入れて煮立て、きぬさや以外の野菜を加えて煮る。野菜がしんなりしてきたら、**A**の⅔量ほどを加えて混ぜる（写真b）。

3　再び煮汁が煮立ったところにかきを加え（写真c）、アクが出たら取る。豆腐を加えてきぬさやを添え、残りの**A**を散らし、煮えたところからいただく。

かきについた汚れを、塩にからめて取るようにする

砂糖、酒で溶きのばしたみそは、煮汁とすぐになじんで味がつく

かきを加えたら手早く仕上げ、煮すぎないように気をつける

鍋のしめ　かきや野菜のうまみが出た煮汁で作る雑炊がイチ押し。煮汁が煮詰まった場合は、湯をたすなどして調整して。

かきのみそ鍋

石狩鍋

鮭を使った北海道の郷土料理。昆布だしで煮た野菜と合わせ、みそと混ぜたバターで、風味とこくを加えました。

材料（4人分）と下ごしらえ

具

甘塩鮭の切り身…3切れ
　骨があれば除き、一口大に切る。
　片栗粉…少々

蒸し帆立貝…4個

玉ねぎ…1個　幅1.5㎝のくし形に切る。

キャベツ…½個　かたいしんを除き、ざく切りにする。

じゃがいも…小4個　皮をむき、2分ほど水にさらす。

にんじん…1本　皮をむき、小さめの乱切りにする。

ゆでとうもろこし…1本　幅2～3㎝の輪切りにする。

煮汁

A［**昆布…5g**
　　水…4～5カップ

みそ…大さじ4

バター…大さじ1

鍋を始める

1 土鍋にA、すべての野菜を入れて火にかける。煮立ったら弱火にし、ふたをして20分ほど煮る。

2 器に、みそと柔らかくしたバターを入れ、スプーンでよく混ぜてなじませる。

3 甘塩鮭に薄く片栗粉をまぶして1に加え、蒸し帆立貝も加える。中心に2をのせて、味をなじませながらいただく。

鍋のしめ　ゆでた中華麺を入れてみそ味のラーメンに。うどん、雑炊にしてもおいしくいただける。

たらちり

冬が旬のたらで作った、ちり鍋。野菜や豆腐とともに昆布だしで煮て、好みの薬味を添えていただきます。

材料（4人分）と下ごしらえ

具

たらの切り身…4切れ
骨があれば除き、一口大に切る。

白菜…¼株 食べやすい大きさに、軸は細長くそぎ切り、葉は食べやすく切る。

春菊…150g 葉を摘み取る。

生しいたけ…4個 石づきを切り落とし、かさに十字の切り込みを入れる（P.123 参照）。

えのきたけ…200g 根元を切り落としてほぐす。

ねぎ…1本 幅2cmで斜めに切る。

絹ごし豆腐…1丁 12 等分に切る。

煮汁

昆布…5g
酒…½カップ
水…5～6カップ

たれ 薬味

ポン酢しょうゆ…適量
もみじおろし…適量（P.34 参照）
万能ねぎ…適量 小口切りにする。

鍋を始める

1 小さめのざるにたらを入れ、鍋に沸かした熱湯につけて霜ふりにする。すぐに水にとり、そっと洗って水けをきる。

2 土鍋に煮汁の材料を入れて火にかける。煮立ったら、春菊以外の野菜、たらを加える。再び煮立ったら弱火にしてアクを取り、ふたをして10分ほど煮る。

3 豆腐、春菊を加え、煮えたところからたれや薬味でいただく。

鍋のしめ たらのうまみの出たシンプルな煮汁は、塩やしょうゆで味をととのえて、雑炊がおすすめ。

いわしのつみれ鍋

つみれに、ねぎやしょうが、みそを混ぜて、いわしの臭みを消します。
いわし独特のうまみがしみ出た煮汁、たっぷりの根菜が食べられる人気の鍋に。

材料（4人分）と下ごしらえ

具

いわし（170g程度のもの）
…8尾 手開きする（P.122参照）。

A
- ねぎ…½本　みじん切りにする。
- しょうが…1かけ　みじん切りにする。
- 卵…1個
- みそ…大さじ2½
- 小麦粉…大さじ1

ごぼう…1本 皮をこそげ、ささがきにして5分ほど水にさらす。

大根…½本 皮をむき、厚さ5㎜の半月切りにする。

白菜…⅛株 食べやすい大きさに、軸はそぎ切り、葉はざく切りにする。

ねぎ…½本 幅1㎝の小口切りにする。

木綿豆腐…1丁 一口大に手でちぎる。

煮汁

B
- **しょうがの皮…1かけ分**
- **ねぎの青い部分…1本分**
- **水…5カップ**

C
- **昆布…5g**
- **しょうゆ…大さじ3**
- **塩…小さじ⅓**
- **水…1カップ**

鍋を始める

1 いわしは腹骨と皮を取り、包丁でたたいて細かくする（写真a）。粘りけが出るまで細かくたたてボウルに入れ、Aを加えて手でよく混ぜる（写真b）。

2 鍋にBを入れて中火で煮立てる。スプーンで1をすくい、もうひとつのスプーンで形をととのえて煮汁に落とす（写真c）。再び煮立ったら、弱火にして1分ほどゆで、できたつみれを取り出す。

3 厚手のペーパータオルを敷いたざるで、2の煮汁をこして、土鍋に移す。C、水けをきったごぼう、大根、白菜を加え、煮立ったら弱火にしてアクを取り、ふたをして10分ほど煮る。豆腐を加え、2のつみれを戻してねぎを散らし、煮えたところからいただく。

a

いわしは、ざっと刻んでから、包丁でよくたたいて細かくする

b

たっぷりのねぎ、しょうが、みそが、いわしの生臭みを消してうまみを引き出す

c

スプーン2本で、交互にこそげながら形をととのえる。つみれのうまみが出た汁を、鍋の煮汁として利用する

鍋のしめ

ゆでうどんを加えて軽く煮込み、七味唐辛子などをふって。卵でとじてもおいしい。

いわしのつみれ鍋

鯛とねぎの鍋

香ばしく焼いた鯛が丸ごと入った、華のある鍋です。
鯛からの豊かなうまみが、いっしょに煮込む野菜をおいしくします。

材料（４人分）と下ごしらえ

具

鯛（小さめ・うろこ、腹わたなどを取ったもの）…１尾
　塩…少量
ねぎ…３本　長さ４cmに切る。
　ごま油…大さじ２
大根…約$\frac{1}{3}$本　薄い半月切りにする。
せり…１束　長さ４～５cmに切る。
エリンギ…200g　縦半分に切り、長さを２～３等分に切る。

煮汁

削り節…10g　お茶パックに入れる。
昆布…５g
酒…$\frac{1}{2}$カップ
薄口しょうゆ…大さじ２
塩…少々
水…４～５カップ

薬味

すだち…適量　半分に切る。

鍋を始める

1　鯛は両面の全体に塩をふり、ひれや尾には少し多めに塩をつけ、熱したグリルで10分ほど焼く（写真a）フライパンにごま油を中火で熱し、ねぎを入れて焼き色がつくまで炒める（写真b）。

2　土鍋に煮汁の材料を入れて煮立て、大根、エリンギ、鯛を入れる。煮立ったら弱火にしてアクを取り、1のねぎを加え、ふたをして15分ほど煮る（写真c）。仕上げにせりを加え、煮えたところから、すだちをしぼっていただく。

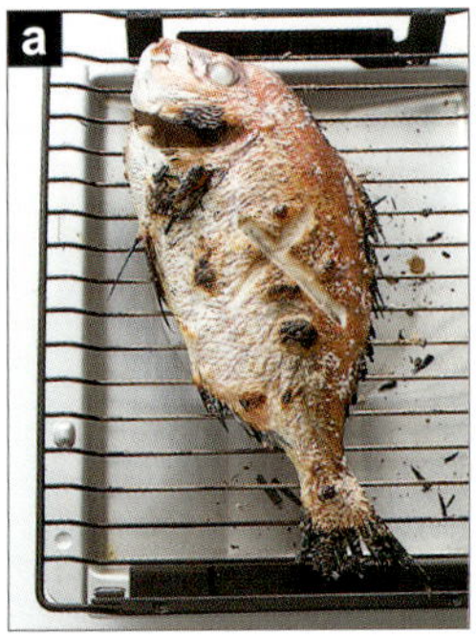

香ばしく、こんがりと焼き色がつくまで焼く

ねぎは焼くと、香ばしさとともに甘みが増す

煮込むことで鯛のうまみが煮汁に移り、ねぎが柔らかくなる

鍋のしめ　ご飯を入れた雑炊はもちろん、ゆでたそうめんを入れてにゅうめんにしても。

鯛とねぎの鍋

きんめ鯛のしゃぶしゃぶ

脂ののったきんめ鯛を煮汁にくぐらせ、余分な脂を落としてあっさりといただきます。たれや薬味を用意して味の変化を楽しみましょう。

材料(4人分)と下ごしらえ

具

きんめ鯛(しゃぶしゃぶ用)…1尾分

白菜…⅛株
縦に2～3等分し、軸は長めのそぎ切り、葉はざく切りにする。

大根…約⅓本 皮をむき、皮むき器で細長く削る。

水菜…150g 根元を切り落とし、長さ7～8㎝に切る。

ねぎ…1本 長さ5～6㎝に切り、縦4つ割りにする。

えのきたけ…200g 根元を切り落としてほぐす。

わかめ(塩蔵)…50g たっぷりの水の中で洗い、水けを絞って食べやすい長さに切る。

煮汁

昆布…5g
酒…1カップ
水…4～5カップ

たれ 薬味

ポン酢しょうゆ…適量
もみじおろし…適量(P.34参照)
ゆずこしょう…少々

鍋を始める

1 土鍋に煮汁の材料を入れる。

2 1を火にかけて煮立て、きんめ鯛や具の野菜などを、好みの加減に火を通す。ポン酢しょうゆや薬味でいただく。

鍋のしめ もちを加えて雑煮風に仕立てる。残った野菜や薬味を添えて。

さわらのかす汁鍋

マンネリになりがちな鍋の味つけを、みそと酒かすで新しい味わいに。からだのしんからとても温まります。

材料（4人分）と下ごしらえ

具

さわらの切り身…3切れ 一口大に切り、塩少々をふる。
大根…約½本 皮をむいて縦4つ割りにし、小さめの乱切りにする。
里いも…4個 皮をむき、2～3等分に切る。
にんじん…1本 皮をむき、小さめの乱切りにする。
しめじ…200g 石づきを切り落とし、小房に分ける。
こんにゃく…1枚 厚さ5㎜の一口大に切る。
厚揚げ…1枚 熱湯を回しかけて油抜きし、手で一口大にちぎる。
わけぎ…2本 小口切りにする。

煮汁

A
削り節…10g お茶パックに入れる。
塩…小さじ½
水…4～5カップ

B
酒かす（柔らかいもの）※…100g
みそ…大さじ3

鍋を始める

1 鍋に里いもとかぶるくらいの水を入れて火にかけ、泡が出るまで下ゆでする。ざるに上げ、洗ってぬめりを取って水けをきる。こんにゃくは、熱湯で2～3分下ゆでする。

2 土鍋にAとわけぎ以外の野菜、厚揚げ、こんにゃくを入れて火にかける。煮立ったら弱火にしてアクを取り、ふたをして15分ほど煮る。器にBを入れ、混ぜ合わせておく。
※板状の酒かすは、小さくちぎって耐熱の器に入れ、煮汁大さじ3～4ほど加えてラップをかけ、電子レンジで1分加熱して混ぜ、なめらかにする。

3 さわらは、ペーパータオルで水けを拭き、2の土鍋に加える。2のBに煮汁を適量入れてのばし、土鍋に加えて混ぜる。ふたをして10分ほど煮、仕上げにわけぎを散らす。

鍋のしめ
ゆでうどん、またはゆでた中華麺を入れて軽く煮込み、わけぎの小口切りをたっぷり添える。七味唐辛子、粉山椒などをふっても。

おでん

甘辛いしょうゆ味で、じっくりと煮込んだおでん。関東煮や関東炊きと呼ばれることも。
煮えてから一晩おくと、具によく味がしみて、さらにおいしくなります。

材料（4人分）と下ごしらえ

具

さつま揚げなど
好みの練り製品…4人分
熱湯で軽くゆで、油抜きする。
大根…16㎝　4等分の輪切りにし、角を面取りして十字に切り込みを入れる（写真 a）。
ゆで卵…4個　殻をむく。
ちくわぶ…1本　4等分に斜めに切り、熱湯で軽く下ゆでする。
ゆでだこの足…4本　1本ずつ竹串をさす。
こんにゃく…1枚　4～8等分の三角形に切り、熱湯で2～3分下ゆでする。
油揚げ…2枚　長さを半分に切り、袋状にする。
もち…2個　半分に切る。
かんぴょう…適量　結びやすい長さに4本切る。

煮汁

削り節…10g　お茶パックに入れる。
昆布…5g
みりん…大さじ3
しょうゆ…大さじ2
塩…少々
水…5～6カップ

薬味

溶きがらし、または練りがらし…適量

鍋を始める

1. 袋状にした油揚げに、もち1切れを入れて口をかんぴょうで結び、もち巾着を作る（写真 b）。鍋に大根とかぶるくらいの水（あれば米のとぎ汁）を入れて火にかけ、煮立ったら4～5分下ゆでしてざるに上げる。

2. 土鍋に煮汁の材料、下ゆでした大根を入れて火にかける。煮立ったら弱火にしてふたをし、竹串がすっと通るまで30分以上煮る。

3. もち巾着以外の具を加える（写真c）。再び煮立ったら、ふたをして弱火で30分以上煮る。もち巾着を加え、煮えたところから、からしを添えていただく。
※もち巾着を入れる手前で一晩おくと、うまみがしみてよりおいしくなる。再び温めてからもち巾着を加えるとよい。

厚い大根は、味がしみ込みやすいように、切り込みを入れる。

油揚げを巾着に見立てたおでんの具。かんぴょうで口を結ぶ

大根が煮えたら、その他の具を加える。鍋の中で場所を決めて詰め寄せるとよい

おでん

みそ煮込みおでん

愛知県名産の八丁みそをベースにした、甘めの煮汁で煮込んだおでん。
見た目ほど濃い味ではなく、あっさりといただけます。酒の肴にもおすすめ。

材料（4人分）と下ごしらえ

具

いわしはんぺん…4枚
牛すじ肉…100g 下ゆでする（P.56、鍋を始める1参照）。
ゆで卵…4個 殻をむく。
大根…16㎝ 4等分の輪切りにし、角を面取りして十字に切り込みを入れる。
里いも…4個 皮をむく。
しらたき（結んだもの）…8個 熱湯に入れて2～3分下ゆでする。

煮汁

A
削り節…20g お茶パックに入れる。
水…4～5カップ

B
八丁みそ…100g
みりん…大さじ3～4

鍋を始める

1 いわしはんぺんは竹串に刺す。牛すじ肉は一口大に切り、竹串にさす（写真a）。大根は下ゆでする（P.76、鍋を始める1参照）。鍋に里いもとかぶるくらいの水を入れて火にかけ、泡が立つまでゆでてざるに上げ、表面のぬめりを洗って水けをきる。

2 土鍋にA、下ゆでした大根を入れて火にかける。煮立ったら弱火にしてふたをし、竹串がすっと通るまで30分以上煮る。いわしはんぺん以外の具を加えて煮立て、ふたをして弱火で5分ほど煮る（写真b）。

3 ボウルにBを入れて混ぜ、これを土鍋に加えてなじませる（写真c）。端にいわしはんぺんを差し込み、ふたをしてさらに30分煮る。
※一晩おくと、うまみがしみてよりおいしくなる。

a
いわしはんぺんは、端の一辺に竹串を縫うように刺す

b
具をそろえて詰めると見た目にもきれい

c
みりんでのばしたみそを加え、汁になじませる

みそ煮込みおでん

鍋のしめ

おいしくなるツボ

いろいろな具材からうまみの出た鍋の煮汁。
その煮汁に、ご飯やうどんなどを加えて鍋のしめを。
しっかり食べきって大満足です。

卵雑炊

土鍋でふっくらと煮た雑炊。シンプルに卵でとじるのが人気です

ツボ

ご飯を洗って さらりと仕上げる

具がほとんどなくなったら、しめのタイミング。ざるにご飯茶碗1～2杯を入れて流水で洗い、煮立った煮汁に入れる。煮汁が少なければ、湯適量をたして調整する。

ツボ

ご飯に煮汁の 汁けを吸わせる

混ぜてご飯をなじませ、塩かしょうゆで味をととのえる。ご飯が汁けをほぼ吸ったところで、卵1個を溶いて回し入れる。

ツボ

ふたをして 卵に火を通す

すぐにふたをして1分弱煮て火を通す。あれば万能ねぎの小口切りを散らしてできあがり。

寄せ鍋やかに鍋など、
和風鍋のしめに
おすすめ！

うどん

ゆでうどんを投入し、煮るだけでおいしい！

すき焼きなど、少なめの煮汁にからめてもおいしい

ツボ 薬味を追加してオリジナルの味に！

煮立った煮汁にゆでうどん１～２玉を加え、煮汁がたりなければ湯をたして煮る。鍋に残った具と器に盛り、ゆずこしょうなど好みの薬味をのせて味わって。

もち

お正月でなくても一年中人気の雑煮

和洋中の煮汁のあるどんな鍋にも合います

ツボ お腹に合わせてもちの数を選べる！

煮立った煮汁に焼いたもち適量を入れる。煮汁がたりなければ湯をたし、塩かしょうゆで味をととのえて。もちを焼かずに入れて、とろとろの煮もちにしてもよい。

パスタ

洋風鍋のしめは、スープパスタがいける！

トマト味、クリーム味など、洋風の煮汁に合います！

ツボ パセリや粉チーズをふってこくをプラス

煮立った煮汁にゆでたパスタ１～２カップを加え、煮汁がたりなければ湯をたしてひと煮する。塩、こしょうで味をととのえる。仕上げに、パセリのみじん切りや粉チーズなどをふる。

ラーメン

ストックできるインスタントラーメンで！

万能なしめの食材。こくのある煮汁におすすめ！

ツボ インスタントラーメンで手間なし

煮立った煮汁にインスタントラーメン１～２個を加え、煮汁がたりなければ湯をたして煮る。塩、こしょう、またはしょうゆで味をととのえ、小口切りのねぎがあれば散らして。生の中華麺は、ゆでてから加える。

鍋をもっとおいしくする！

つけだれ&ソース

いつもと違うたれやソースで、鍋のおいしさが広がります。

梅みそだれ

梅干し4個の種を取り、包丁で細かくたたく。**みそ大さじ2、みりん大さじ3**を混ぜる。

にんにくナンプラーだれ

にんにく½かけを薄切りにし、**ナンプラー大さじ3、レモン汁½個分**と混ぜる。

酢じょうゆだれ

酢、しょうゆ各大さじ3、ラー油適量を混ぜる。

ごまねぎだれ

白練りごま大さじ6、ねぎ5㎝のみじん切り、**砂糖・しょうゆ各大さじ2、しょうが**のみじん切り・**酢各大さじ1、塩少々**を混ぜる。

ねぎだれ

ねぎ½本の小口切り、**削り節5g、しょうゆ大さじ3～4**をざっと混ぜる。

にらだれ

にら50gのみじん切り、**しょうゆ大さじ3、砂糖・粉山椒各小さじ1**を混ぜる。

ごま油塩だれ

ごま油・塩各適量を混ぜる。

ルイユソース

マヨネーズ約½カップ、おろしにんにく1かけ分、カイエンペッパー少々を混ぜる。

※ルイユソースは、ブイヤベースに添える辛みのあるソース。

※つけだれ＆ソースの材料は作りやすい分量です。

エスニック食材メモ

個性的な風味や、独特な味わいに欠かせないスパイス&調味料がアクセントになります。

トムヤムクン鍋の風味づけ

A こぶみかんの葉

東南アジアのハーブの一種。柑橘系のさわやかな香りが特徴。

B レモングラス（生）

根元をつぶして、レモンに似た香りを立てて使う。葉を使った乾燥品もあり、トムヤンクン鍋に代用できる。

C タイのしょうが（カー）

トムヤムクンの香りづけのために、薄切りにして使う。

ナンプラー

小魚を発酵させ、上澄みを熟成させたタイの調味料。しょうゆのように使い、独特な魚の発酵臭、濃厚なうまみがある。

カピ

小えびなどをつぶして発酵させたタイの調味料。うまみがあり､だしに使われる。

サフラン

ブイヤベースの風味、色づけに欠かせない。サフランのめしべを乾燥させたもので、水に抽出して使う。

シナモンスティック

甘い独特の風味が特徴のスパイス。菓子の材料、飲み物に使うこともある。

くこの実

中国原産のなす科の落葉低木。赤い実は、デザートの材料、漢方薬としても用いられる。

干しなつめ

お茶、スープなどに使われる。中国では漢方薬としても利用されている。

八角（スターアニス）

中国料理に使われる星形のスパイス。甘い香りがして、豚肉、鶏肉料理と相性がよい。

3章 すぐでき小鍋

鍋といえば大勢で楽しむイメージですが、一人のときこそおすすめです。ひと鍋で、野菜や肉などがバランスよくとれ、汁ごといただけて満足感もあります。それに、後片付けがラクなのもうれしいですね。3章では、常備していることの多い食材を使って、すぐに作れる簡単でおいしい小鍋を紹介します。

豚すき鍋 84
野沢菜漬けのこくうま鍋 85
海鮮チゲ 86
あさり鍋 87
納豆鍋 88
スンドゥブ鍋 89
台湾風豆乳鍋 90
油揚げと水菜のみぞれ鍋 91
さば缶カレー鍋 92
ツナとごぼうの柳川鍋風 93
ミート&キャベツ鍋 94
さんま缶のすき焼き風 95
ミニおでん風 96
かに棒鍋 97
鍋焼きうどん 98

豚すき鍋

豚こまですき焼き風に仕立てた小鍋。豚肉にからめた砂糖とごま油が、手軽においしくする隠し味になっています。

材料（１人分）と下ごしらえ

具

豚こま切れ肉…150g
ごま油…大さじ１
砂糖…大さじ２
ねぎ…⅔本　幅１㎝で斜めに切る。
生しいたけ…３個　石づきを切り落とし、半分に切る。
貝割れ大根…１パック　根元を切り落とす。

煮汁

削り節…５g　お茶パックに入れる。
しょうゆ…大さじ１
塩…小さじ¼
水…1½～２カップ

薬味

かんずり…少々
※かんずりは、唐辛子にゆずやこうじを混ぜて発酵させた香辛料。

鍋を始める

1. 土鍋（小）に豚肉、ごま油、砂糖を入れて混ぜ、味をからめる。煮汁の材料を加えて火にかけ、煮立ったらアクを取る。

2. ねぎ、しいたけを加え、再び煮立ったら弱火にし、ふたをして７～８分煮る。仕上げに貝割れ大根を加え、煮えたところからかんずりをつけていただく。

鍋のしめ　具がほとんどなくなったら、ゆでうどんを入れる。残った煮汁をからめるように煮て、焼きうどん風に。

野沢菜漬けのこくうま鍋

冷蔵庫にある漬けものが、小鍋では大活躍。歯切れのよい食感と、ほどよい塩けで味わい深くなります。

材料（1人分）と下ごしらえ

具

鶏ひき肉…100g
塩、こしょう各少々をふって下味をつける。
サラダ油…大さじ1

かぼちゃ…1/8個　種とわたを取り、一口大に切る。

玉ねぎ…1/2個　幅7㎜のくし形に切る。

野沢菜漬け…60g　長さ2㎝に切り、汁けを絞る。

煮汁

コチュジャン…大さじ1
しょうゆ…大さじ1
鶏ガラスープの素（顆粒）…小さじ1/2
塩…少々
水…1 1/2〜2カップ

鍋を始める

1 土鍋（小）にひき肉、サラダ油を入れて混ぜる。煮汁の材料を加えて火にかけ、煮立ったら弱火にしてアクを取る。

2 かぼちゃ、玉ねぎを加え、ふたをして10分ほど煮る。仕上げに野沢菜漬けを加え、全体に混ぜて煮えたところからいただく。

海鮮チゲ

シーフードミックスなら、魚介をさばく手間はなし。
腹持ちがよく甘みのあるさつまいもが
キムチの辛さを引き立てて、ボリューム感をだします。

材料（１人分）と下ごしらえ

具

シーフードミックス（冷凍品）…150g

さつまいも…小１本
幅１㎝の輪切りにし、２分ほど水にさらす。

キャベツ…200g
かたいしんを除き、３㎝四方に切る。

白菜キムチ…50g　一口大に切る。

煮汁

鶏ガラスープの素（顆粒）…小さじ１

煮干し…５本

みそ…大さじ１

水…1½～２カップ

鍋を始める

1 鍋（小）に煮汁の材料、水けをきったさつまいも、キャベツを入れて火にかける。煮立ったら弱火にしてアクを取り、ふたをして10分ほど煮る

2 シーフードミックスを凍ったまま加え、ふたをして５分ほど煮る。仕上げにキムチを加え、煮えたところからいただく。

あさり鍋

すっきりとしたあさりのだしで野菜を煮たヘルシーな小鍋。白菜やにんじんの甘さにほっとします。

材料（1人分）と下ごしらえ

具

あさり…1カップ　海水程度の塩水につけて砂抜きをし、殻をこすり洗いする（P.123参照）。

白菜…200g　食べやすい大きさに、軸はそぎ切り、葉はざく切りにする。

にんじん…4㎝　短冊切りにする。

豆苗…1パック　根元を切り落とす。

煮汁

昆布…3g

塩…小さじ⅓

しょうゆ…大さじ½

水…1½～2カップ

鍋を始める

1 土鍋（小）に煮汁の材料、あさりを入れて火にかける。煮立ったら弱火にしてアクを取る。

2 白菜、にんじんを加えて煮立て、ふたをして弱火で10分ほど煮る。仕上げに豆苗を加え、煮えたところからいただく。

鍋のしめ　具が少なくなってきたら、ご飯を入れて雑炊に。もちを入れて雑煮でしめてもおいしい。

納豆鍋

いつも冷蔵庫にある納豆は、良質のタンパク質が豊富。鍋に入れたらたっぷり食べられ、カロリーも控えめ。相性のよいにらの風味がアクセントに。

材料（１人分）と下ごしらえ

具

納豆…２パック

白菜…150g　縦半分に切り、幅３～４cmに切る。

にら…１束　長さ２cmに切る。

煮汁

削り節…５g　煮干しといっしょにお茶パックに入れる。

煮干し…３本

しょうゆ…大さじ１

塩…少々

水…$1\frac{1}{2}$～２カップ

鍋を始める

1 土鍋（小）に煮汁の材料、白菜を入れて火にかける。煮立ったら弱火にしてアクを取り、ふたをして10分ほど煮る。

2 にらと納豆を加え、煮えたところからいただく。

鍋のしめ　具が少なくなってきたら、細めのゆでうどんを入れてひと煮。七味唐辛子をふってどうぞ。

スンドゥブ鍋

気軽に作れる韓国風の豆腐鍋です。特別な調味料がなくても、多めのキムチを加えて生卵を落とせば、本場風のできばえ！

材料（1人分）と下ごしらえ

具

絹ごし豆腐…1丁
手で大きめにくずす。

豆もやし…1袋
ひげ根を取る。

白菜キムチ…80g
一口大に切る。

卵…1個

煮汁

鶏ガラスープの素（顆粒）…小さじ1
煮干し…5本
しょうゆ…小さじ1
塩…少々
水…1½〜2カップ

鍋を始める

1 鍋（小）に煮汁の材料、豆もやしを入れて火にかける。煮立ったら弱火にしてアクを取り、ふたをして10分ほど煮る。

2 豆腐、キムチを加え、中央に卵を割り入れる。煮立ってきたらふたをし、好みの加減に卵に火を通していただく。

鍋のしめ
具が少なくなってきたら、ご飯を加えて煮込み、ピリッと辛めの雑炊に。小さく切ったもちを入れ、韓国風の雑煮にしても。

台湾風豆乳鍋

豆乳に酢を加え、ほろほろとおぼろ豆腐のようになったところをいただきます。ねぎや干しえびの香味がアクセントに。

材料（１人分）と下ごしらえ

具

豆乳（無調整）…2½カップ
チンゲンサイ…２株
　１枚ずつはがし、
　長いものは長さを半分に切る。
ねぎ…⅓本　小口切りにする。
干しえび…10g
赤唐辛子…１本
　種を取って輪切りにする。

調味料

ごま油…大さじ1½
しょうゆ…大さじ1
塩、こしょう…各少々
酢…大さじ1½

鍋を始める

1 フライパンにごま油を中火で熱し、ねぎ、干しえび、赤唐辛子を炒める。ねぎが茶色に色づくまで炒めたら、チンゲンサイを加えてしんなりするまで炒め、しょうゆ、塩、こしょうで調味する。

2 土鍋（小）に豆乳を入れて弱めの中火にかける。煮立ってきたら酢を回し入れる。1を加え、豆乳がふわりと固まってきたらいただく。

鍋のしめ　甘みのない揚げパンを浸しながら食べれば本場流。ゆでたそうめんを入れてもおいしい。

油揚げと水菜のみぞれ鍋

面倒な大根おろしも、1人分なら簡単におろせます。こくのある油揚げで、しっかりと食べ応えのある一品に。

材料（1人分）と下ごしらえ

具

油揚げ…2枚
ざるに入れ、熱湯を回しかけて油抜きし、幅2㎝に切る。

水菜…100g
根元を切り落とし、長さ5㎝に切る。

大根…⅕～⅐本（正味200g）
皮をむいてすりおろし、ざるに上げて軽く汁けをきる。

煮汁

削り節…10g お茶パックに入れる。
塩…小さじ½
水…1½～2カップ

薬味

万能ねぎ…1本 斜め切りにする。

鍋を始める

1 土鍋（小）に煮汁の材料を入れて火にかける。煮立ったら油揚げを加えて弱火にし、ふたをして5分ほど煮る。

2 水菜を加え、中央に大根おろし、万能ねぎをのせて、ひと煮してからいただく。

鍋のしめ 具が少なくなってきたら、ゆでたそばを投入して温かいおろしそば風に。味をみて薄ければ、塩やしょうゆでととのえて。

さば缶カレー鍋

缶詰なら手軽に魚が食べられます。
カレー味に仕上げれば、さばのクセも気になりません。

材料（1人分）と下ごしらえ

具

さばの水煮（缶詰）…1缶（200g）
玉ねぎ…½個 薄切りにする。
じゃがいも…小2個 皮をむき、幅1cmに切る。
にんじん…½本 皮をむき、乱切りにする。

煮汁

サラダ油…大さじ1
にんにく…1かけ 半分に切ってつぶす。
水…2カップ
カレールウ…1皿分
しょうゆ…大さじ1

薬味

パセリ…少々 みじん切りにする。

鍋を始める

1 フライパンにサラダ油、にんにくを入れ、弱火で炒める。香りが立ってきたら、玉ねぎを加えて中火で炒め、しんなりしてきたら土鍋（小）に移す。

2 1の土鍋に、じゃがいも、にんじん、分量の水を加えて火にかける。煮立ったら弱火にし、ふたをして10分ほど煮る。カレールウを加えて溶かし、しょうゆで味をととのえ、さばの水煮を缶汁ごと加えて温める。パセリのみじん切りを散らしていただく。

鍋のしめ 具が少なくなってきたら、ゆでうどんを入れてひと煮し、カレーうどん風に。

ツナとごぼうの柳川鍋風

風味豊かなごぼうが、たっぷり入った小鍋。ツナを加え、温泉卵をひとつ落とせば、マイルドで食べやすくなります。

材料（1人分）と下ごしらえ

具

ツナの油漬け（缶詰）
…小1缶（80g）
ごぼう…½本
皮をこそぎ、ささがきにして5分ほど水にさらす。
玉ねぎ…½個　横に幅1㎝に切る。
にら…⅓束　幅5㎜に切る。
温泉卵…1個

煮汁

鶏ガラスープの素（顆粒）…小さじ1
みりん…大さじ2
しょうゆ…大さじ1½
水…1½～2カップ

鍋を始める

1 土鍋（小）に煮汁の材料、水けをきったごぼう、玉ねぎを入れて火にかける。煮立ったら弱火にしてアクを取り、ふたをして10分ほど煮る。

2 ツナの油漬けを缶汁ごと加え、にらを散らす。仕上げに温泉卵をのせて、くずしていただく。

ミート＆キャベツ鍋

ボリュームとこくのある、人気のランチョンミートが主役の小鍋。キャベツもたっぷり食べられる！

材料（１人分）と下ごしらえ

具

ランチョンミート（缶詰）…小１缶（約190g）
食べやすい棒状に切る。

じゃがいも…１個　皮をむき、一口大の棒状に切る。

キャベツ…200g　かたいしんを除き、４㎝四方に切る。

スライスチーズ…１枚

煮汁

水…1½〜2カップ

ローリエ…１枚

塩、こしょう…各少々

鍋を始める

1 土鍋（小）に煮汁の材料、じゃがいも、キャベツを入れて火にかける。煮立ったら弱火にしてアクを取り、ふたをして10分ほど煮る。

2 ランチョンミートを加えてひと煮し、スライスチーズを適当に折ってのせ、余熱で溶かしながらいただく。

鍋のしめ　具が少なくなってきたら、ゆでたショートパスタを入れて、スープパスタ風にしても。

さんま缶のすき焼き風

甘辛いしょうゆ味のついたかば焼き缶で、すき焼き風味の小鍋を。くったり煮えたねぎや小松菜、味のしみたしらたきでご飯が進みます。

材料（1人分）と下ごしらえ

具

さんまのかば焼き（缶詰）…1缶（100g）

ねぎ…1本 幅2㎝で斜めに切る。

小松菜…2～3株 長さ2～3㎝に切る。

しらたき…½袋 食べやすい長さに切り、熱湯で2～3分下ゆでして水けをきる。

煮汁

砂糖…大さじ1
しょうゆ…大さじ1
酒…大さじ2
水…1½～2カップ

鍋を始める

1 土鍋（小）に煮汁の材料、ねぎ、小松菜、しらたきを入れて火にかける。煮立ったら弱火にしてアクを取り、ふたをして10分ほど煮る。

2 さんまのかば焼きを缶汁ごと加え、煮えたところからいただく。

鍋のしめ 具が少なくなってきたら、ご飯を投入して雑炊に。卵でとじればまろやかなおいしさ。

ミニおでん風

1人分の小鍋でも、おでん風の鍋を楽しめます。削り節としょうゆのきいた煮汁で、好みの具を煮てみて。

材料（1人分）と下ごしらえ

具

さつま揚げ…1枚
ざるに入れ、熱湯を回しかけて油抜きする。

ちぎり揚げ…5個
さつま揚げといっしょに油抜きする。

大根…1/5～1/7本
皮をむき、皮むき器で細長く削る。

ゆで卵…1個　殻をむく。

煮汁

削り節…5g　お茶パックに入れる。
みりん…大さじ2
しょうゆ…大さじ2
水…1½～2カップ

鍋を始める

鍋（小）に煮汁の材料、具の材料をすべて入れて火にかける。煮立ったら弱火にしてアクを取り、ふたをして15分ほど煮てからいただく。

鍋のしめ　具を食べたら、太めのゆでうどんを入れて煮込む。さらしねぎをのせ、七味唐辛子をふってどうぞ。

かに棒鍋

すぐに味の出る練り製品は、小鍋に向きます。
白菜とたっぷりの春雨で、中国風スープのような味わい。

材料（1人分）と下ごしらえ

具

かに風味かまぼこ…10本

白菜…200g
縦半分に切って軸はそぎ切り、葉はざく切りにする。

春雨…40g 袋の表示通りにもどし、食べやすい長さに切る。

煮汁

オイスターソース…大さじ1
鶏ガラスープの素（顆粒）…小さじ1
塩…少々
水…1½～2カップ

鍋を始める

1 土鍋（小）に煮汁の材料、白菜を入れて火にかける。煮立ったら弱火にし、ふたをして10分ほど煮る。

2 春雨を加えてひと混ぜする。かに風味かまぼこを手でざっとほぐしてのせ、ひと煮してからいただく。

鍋焼きうどん

ふうふういいながら食べたい鍋焼きうどんは、まさに小鍋の定番。煮汁でうどんを煮込んだら、好みの具をのせるだけと簡単です。

材料（１人分）と下ごしらえ

具

ゆでうどん…１玉
好みの天ぷら（えび、ちくわなど市販品でも可）…２～３個
生しいたけ…１個 石づきを切り落とし、かさに切り込みを入れる（P.123 参照）。
わけぎ…１本 小口切りにする。
焼き麩…２個 水につけてもどす。

煮汁

削り節…５g お茶パックに入れる。
みりん…大さじ１
しょうゆ…大さじ$1\frac{1}{2}$
塩…少々
水…２～$2\frac{1}{2}$カップ

鍋を始める

1 土鍋（小）に煮汁の材料、ゆでうどんを入れて火にかける。煮立ったら弱火にし、ふたをして10 分ほど煮る。

2 軽く水けを絞った麩、しいたけを加えてふたをし、さらに５分ほど煮る。天ぷら、わけぎを彩りよく添えていただく。

4章

アジア風＆洋風鍋

鍋を使うメニューは、世界中に広がっています。暑い国の酸っぱくて辛いスープから、時間をかけて煮込むヨーロッパの家庭料理まで。
４章では、人気のある各国の鍋料理を紹介します。手に入りやすい調味料やスパイスを使い、あまり時間をかけずに作れるよう、レシピを工夫しました。ぜひ、トライしてみてください。

参鶏湯《サムゲタン》 100
カムジャタン 102
プデチゲ 103
火鍋 104
獅子頭《シーズトウ》鍋 106
台湾風白菜鍋 107
トムヤムクン鍋 108
ベトナム風鍋 110
ココナッツミルク鍋 111
ブイヤベース 112
ポトフ 114
ボルシチ 116
モロッコ風鍋 118
チーズフォンデュ 119
コック・オー・ヴァン 120

参《サム》鶏《ゲ》湯《タン》

もち米や干しなつめ、にんにくなど、手に入るもので作ったオリジナルの参鶏湯。鶏肉や干ししいたけの、味わい深いだしがきいています。

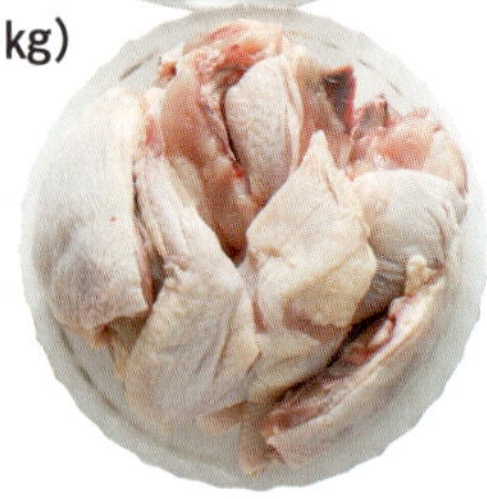

材料（４人分）と下ごしらえ

具

鶏骨つきぶつ切り肉…１羽分（約1kg）
湯引きする（P.122 参照）。

ごぼう…１本
皮をこそげ、長さ３cmに切る。

にら…½束　長さ４cmに切る。

にんにく…２かけ　半分に切る。

しょうが…２かけ　薄切りにする。

干しなつめ…８個

干ししいたけ…２個　ジッパーつきポリ袋に水½カップと入れ、２時間ほどおいてもどす。

もち米…½カップ

甘栗…８個

ゆでぎんなん…12個

くこの実…大さじ１

唐辛子（生・辛みの少ないもの）…１～２本　縦半分に切り種を取る。

煮汁

水…6～7カップ

干ししいたけのもどし汁…全量

塩…小さじ１

仕上げ

塩、こしょう…各少々

鍋を始める

1 干ししいたけは石づきを切り落とし、細切りにする。もどし汁はこし器でこして煮汁にする。

2 鍋に煮汁の材料、鶏肉、干ししいたけ、ごぼう、にんにく、しょうが、干しなつめ、もち米を入れて火にかける（写真）。煮立ったら弱火にしてアクを取り、ふたをして30分ほど煮る。

3 甘栗、ゆでぎんなん、くこの実を加え、ふたをしてさらに15分ほど煮る。にら、唐辛子を加え、塩、こしょうをふって味をととのえる。

鶏肉、香りの出る材料、もち米を加えて煮るだけ。もち米がとろみをつける

鍋のしめ　ゆでうどんを入れて軽く煮込み、万能ねぎの小口切りをたっぷりと添えて。

参鶏湯

カムジャタン

じゃがいもと骨つきの豚肉を煮込んだ韓国の鍋。特別な調味料がなくても作れるように、ひと工夫したレシピです。ごろっと煮たじゃがいもがおいしい。

材料（４人分）と下ごしらえ

具

豚スペアリブ…８本　湯引きする（P.122 参照）。
じゃがいも…４個　皮をむき、２分ほど水にさらす。
エリンギ…100g　縦４つ割りにし、長さを 2~3 等分に切る。
えごまの葉…10 枚
韓国春雨※…100g　袋の表示通りにもどし、食べやすい長さに切る。

煮汁

A
- **にんにく…２かけ**　薄切りにする。
- **しょうが…１かけ**　薄切りにする。
- **鶏ガラスープの素（顆粒）…小さじ１**
- **水…6~7 カップ**

みそ…大さじ４

仕上げ

白すりごま…適量
一味唐辛子…少々
塩…少々

※韓国春雨は、さつまいものでんぷんが原料。柔らかな食感で弾力がある。

鍋を始める

1 土鍋に **A**、豚肉を入れて火にかける。煮立ったら弱火にしてアクを取り、ふたをして１時間ほど煮る。途中、アクを取りながら煮る。

2 水けをきったじゃがいも、みそを加えて混ぜ、ふたをして弱火で 20分ほど煮る。

3 エリンギ、春雨を加え、ふたをしてさらに10分ほど煮る。えごまの葉を適当にちぎって加え、白ごま、一味唐辛子をふる。味をみて、たりなければ塩を加えてととのえる。

鍋のしめ　ご飯、刻んだキムチを加えて軽く煮て雑炊にしても。

プデチゲ

ランチョンミートやソーセージを入れ、韓国の部隊で食したパワフルな鍋。米軍から流れてきた缶詰等を使ったのが、この鍋の始まりといわれています。

材料（４人分）と下ごしらえ

具

ランチョンミート（缶詰）
…１缶（約340g） 一口大に切る。
魚肉ソーセージ…１本
幅１cmで斜めに切る。
玉ねぎ…１個
縦半分に切り、幅1cmのくし形に切る。
ピーマン…２個 縦半分に切り、種とへたを取って細切りにする。
白菜キムチ…150g 一口大に切る。
木綿豆腐…１丁 手で一口大にちぎる。
トック（韓国もち）…100g
インスタントラーメン…１個
スライスチーズ…２～３枚
韓国のり…４～５枚

煮汁

ビーフスープの素（固形）…１個
水…３～４カップ

鍋を始める

1 土鍋に煮汁の材料、ランチョンミート、魚肉ソーセージ、玉ねぎ、ピーマン、白菜キムチ、豆腐、トックを入れる。

2 インスタントラーメンを４～５等分に割って加え、火にかける。煮立ったら弱火にしてアクを取り、ふたをして10～15分煮る。

3 スライスチーズ、のりを、適当にちぎってのせてからいただく。

火鍋

お店では、たいていあっさり味の白湯《パイタン》スープと辛い麻辣《マーラー》スープの２種類を用意しますが、ここでは辛みとスパイスのきいた麻辣《マーラー》スープでいただく鍋を紹介します。

材料（４人分）と下ごしらえ

具

鶏もも肉…１枚　一口大に切る。
ラム薄切り肉…200g
えび…８尾　背わたを取り、尾から一節を残して殻をむく。
空芯菜…150g　葉を切り、茎は長さ５cmに切る。
白菜…¼株　長めのそぎ切りにする。
えのきたけ…200g　根元を切り落としてほぐす。

煮汁

A
サラダ油…½カップ
にんにく…２かけ　薄切りにする。
しょうが…１かけ　薄切りにする。
赤唐辛子…２～３本　種を取って２～３つにちぎる。
シナモンスティック…１本
八角…１個
干しなつめ…４個

B
鶏ガラスープの素（顆粒）…大さじ１
水…５～６カップ

＊Ａの香辛料についてはP.82参照。

仕上げ

ごま油塩だれ…適量（P.82参照）
にらだれ…適量（P.82参照）

鍋を始める

1 フライパンにＡを入れ、弱火にかける。ときどき混ぜながら10分ほど熱する（写真ａ）。そのままさます。

2 土鍋にＢを入れて混ぜ、さました１を静かに加える（写真ｂ）。火にかけて煮立ったら、食べる分量の鶏肉、ラム肉を加える（写真ｃ）。えび、野菜なども適宜加え、煮えたところからごま油塩だれ、にらだれをつけていただく。
※ラー油大さじ３～４（材料外）を加えると、さらに本格的な辛さの火鍋になる。

鍋のしめ　焼いたもちや残った野菜を入れ、ピリ辛の雑煮風に。

10分かけて、香辛料などの香りを油に移し、火からおろしてさましておく

コンロの火はつけず、はねに気をつけながら静かに加える

煮汁が煮立ったら、中まで火を通したい肉類から煮る。葉野菜は煮汁にくぐらせるだけでもおいしい

火鍋

獅《シー》子《ズ》頭《トウ》鍋

大きな肉だんごを獅子の頭に見立て、土鍋で煮込んだ中国の鍋。ひき肉からしみ出たこくのある煮汁で、白菜など野菜もおいしく煮えます。

材料（4人分）と下ごしらえ

具

豚ひき肉…400g　Aと合わせてよく混ぜ、4等分して丸める。

A
- ねぎ…½本　みじん切りにする。
- しょうが…1かけ　みじん切りにする。
- たけのこの水煮…100g　みじん切りにする。
- 卵…1個
- 小麦粉…大さじ2
- 塩…小さじ½
- こしょう…少々

ごま油…大さじ1

白菜…¼株　食べやすい大きさに、軸はそぎ切り、葉はざく切りにする。

チンゲンサイ…2株　長さを半分に切り、軸は4～8つ割りにする。

干ししいたけ…2個　ジッパーつきポリ袋に水½カップと入れ、2時間ほどおいてもどす。

春雨…100g　袋の表示通りにもどし、食べやすい長さに切る。

煮汁

鶏ガラスープの素（顆粒）…大さじ1
オイスターソース…大さじ2
しょうゆ…大さじ3
水…4～5カップ
干ししいたけのもどし汁…全量

鍋を始める

1 フライパンにごま油を中火で熱し、丸めた肉だねをのせて焼く。2分ほどしたら裏返して、両面をこんがりと焼く。干ししいたけは水けを絞り、石づきを切り落として細切りにする。もどし汁はこし器でこして煮汁にする。

2 土鍋に煮汁の材料、1、白菜を入れて火にかける。煮立ったら弱火にしてアクを取り、ふたをして10分ほど煮る。

3 春雨を加えてひと混ぜし、チンゲンサイを軸のほうから加えて、煮えたところからいただく。

鍋のしめ　ご飯を入れ、軽く煮込んで雑炊に。刻んだねぎやしょうがを散らしてどうぞ。

台湾風白菜鍋

白菜の塩漬けは、あれば酸味の出始めた古漬けを。
豚肉はあらかじめゆでておき、そのゆで汁を煮汁に利用します。

材料（4人分）と下ごしらえ

具

豚バラかたまり肉…1本（約450g）

A
- 塩…小さじ½
- しょうが…½かけ　薄切りにする。
- ねぎの青い部分…1本分

厚揚げ…1枚
熱湯をかけて油抜きし、一口大にちぎる。

もやし…1袋　ひげ根を取る。

白菜の塩漬け…¼株分（約600g）　幅3～4㎝に切り、汁けをかたく絞る。

干ししいたけ…3個　ジッパーつきポリ袋に水1カップと入れ、2時間ほどおいてもどす。

切り干し大根…60g　さっと水洗いし、水けをかたく絞る。

干しえび…大さじ3

煮汁

鶏ガラスープの素（顆粒）…大さじ½
塩…小さじ½
こしょう…少々
水（豚のゆで汁、干ししいたけのもどし汁をたして）…4～5カップ

前日に豚肉をゆでる

調理用の鍋に豚肉、A、かぶるくらいの水を入れて火にかける。煮立ったら弱火にし、落としぶたとふたをして20分ほどゆでる。火を止めてそのままさます。

鍋を始める

1 豚肉をゆでた鍋から、固まった脂肪を除き、豚肉を取り出す。ゆで汁はこし器でこして煮汁にする。
※脂肪が固まらなかったら、鍋底を氷水で冷やすとよい。

2 干ししいたけは水けを絞り、石づきを切り落として細切りにする。もどし汁はこし器でこして煮汁にする。

3 鍋に煮汁の材料、豚肉以外の具を入れて火にかける。煮立ったら弱火にしてアクを取り、ふたをして15分ほど煮る。1の豚肉を薄切りにし、鍋の表面に広げてのせ、煮えたところからいただく。

鍋のしめ　ゆでた中華麺を入れて塩ラーメン風に。

トムヤムクン鍋

トムヤムペーストから手作りした、酸っぱくて辛いスープが人気のタイの鍋。ぜひ、タイのハーブを手に入れて、本格的な味にトライしてください。

材料（４人分）と下ごしらえ

具

えび…８尾　背わたを取り、尾から一節を残して殻をむく。

トマト…２個　縦半分に切り、へたを取って乱切りにする。

たけのこの水煮…100g　乱切りにする。

ふくろたけ（缶詰）…１缶（230g）　水けをきり、縦半分に切る（写真 a）。

香菜…２株　長さ２㎝に切り、根はペーストに使う。

ペースト

A
- **玉ねぎ…½個**
- **赤唐辛子…３～５本**　へたを取る。
- **にんにく…１かけ**
- **香菜の根…２株分**
- **ライム（またはレモン）の皮…３㎝四方**
- **砂糖…大さじ１**
- **塩…少々**

フードプロセッサーに A を入れ、みじん切りにする。

サラダ油…大さじ３

カピ（タイのえびみそ）…大さじ１

煮汁

B
- **鶏ガラスープの素（顆粒）…大さじ１**
- **レモングラス（生）※…１～２本**　ざっとたたいて２～３等分に切る。
- **タイのしょうが（または、しょうが）…１かけ**　薄切りにする。
- **こぶみかんの葉…１～２枚**　手で２～３枚にちぎる。
- **水…３～４カップ**

ナンプラー…大さじ２～３

仕上げ

ライム…適量

＊カピ、レモングラス、こぶみかんの葉などについては P.82 参照。

a
きのこ全体が厚い袋に包まれていて、その様子からふくろたけと呼ばれる

b
タイ風味のベースとなるペーストは、炒めた香辛料などとカピをなじませて完成

c
レモングラス、こぶみかんの葉などで風味をつける。ペーストを半分加え、残りは好みでたしていく

d
中まで火を通したい具から加える。火の通りやすいトマト、香菜は仕上げに

鍋を始める

1. フライパンにサラダ油を中火で熱し、A を炒める（唐辛子などの辛みや香気にむせないように気をつける）。薄く色づいてきたら、カピを加える（写真 b）。へらで混ぜて、よくなじませて火を止める。

2. 鍋に B を入れて火にかける。煮立ったら、1 の½量を加えて溶かす（写真 c）。

3. えび、たけのこ、ふくろたけを加え（写真 d）、ナンプラーで味をととのえる。火が通ったら、トマト、香菜を加え、ライムをしぼっていただく。

※乾燥レモングラスでもよい。ひとつまみ程度を目安に。

鍋のしめ

もどしたビーフンやトマトをたして軽く煮て、さっぱりとおいしい汁ビーフンに。

トムヤムクン鍋

ベトナム風鍋

ナンプラー風味の汁で、好みの具を煮ながらいただきます。
彩りよく具だくさんなので、もてなしのメニューにぴったり。

材料（４人分）と下ごしらえ

具

白身魚の切り身（たらなど）…２～３切れ　一口大に切る。

A
- 塩、こしょう…各少々
- カレー粉…大さじ½
- ディル…少々　細かく刻む。

えび…８～12尾　背わたを取り、尾から一節を残して殻をむく。

鶏ひき肉…300g　Ｂと合わせて混ぜ、肉だねを作る。

B
- しょうが…１かけ　みじん切りにする。
- 塩…小さじ½
- こしょう…少々
- 卵…１個
- 小麦粉…大さじ２

空芯菜…100g　葉を切り、茎は長さ５㎝に切る。

にら…１束　長さ４㎝に切る。

パプリカ（赤）…１個　縦半分に切ってへたとわたを取り、細切りにする。

えのきたけ…100g　根元を切り落としてほぐす。

しめじ…100g　石づきを切り落とし、小房に分ける。

煮汁

鶏ガラスープの素（顆粒）…大さじ１

ナンプラー…大さじ２～３

水…４～５カップ

鍋を始める

1　白身魚はＡをまぶす。ざるにえびを入れ、さっと熱湯にくぐらせる。

2　調理用の鍋に煮汁の材料を入れて煮立て、肉だねを一口大に丸めて落とす（P.122参照）。火が通ったら取り出し、煮汁はこし器でこして鍋用の鍋に移す。

3　２の鍋を火にかけて、煮汁を煮立てる。１、２の肉だんご、野菜、きのこなどの具を、煮汁に入れて煮ながらいただく。

※写真の鍋は、ベトナムの鍋。縁が広くて具がのせられる。

鍋のしめ　細めのゆでうどんを入れて軽く煮込み、薬味に刻んだディルを散らせば本場風。

ココナッツミルク鍋

辛いペーストとまろやかなココナッツミルクが、絶妙にマッチしたタイ風の鍋。
わたりがにのうまみが、隠し味になっています。

材料（４人分）と下ごしらえ

具

わたりがに…１杯　甲羅をはずしてガニ（エラ）を取り、キッチンばさみで食べやすい大きさに切る。または、下処理したものを購入する。
鶏もも肉…１枚　一口大に切る。
玉ねぎ…１個　縦半分に切り、幅 1㎝に切る。
ピーマン、赤ピーマン…各２個　縦半分に切って種とへたを取り、乱切りにする。
たけのこの水煮…150g　長さを２～３等分し、薄切りにする。
しめじ…200g　根元を切り落とし、小房に分ける。

ペースト

A
- **玉ねぎ…½個**
- **赤唐辛子…３～５本**　へたを取る。
- **にんにく…１かけ**
- **香菜の根…２株分**
- **ライム（またはレモン）の皮…3㎝四方**
- **砂糖…大さじ１**
- **塩…少々**

フードプロセッサーに A を入れ、みじん切りにする。
サラダ油…大さじ３
カピ（タイのえびみそ）…大さじ１

煮汁

ココナッツミルク（缶詰）…２缶（800㎖）
ナンプラー…大さじ２～３

仕上げ

香菜…適量　みじん切りにする。
ライム…適量
＊カピについては P.82 参照。

鍋を始める

1　フライパンにサラダ油を中火で熱し、A を炒める（唐辛子などの辛みや香気にむせないように気をつける）。薄く色づいてきたら、カピを加える。へらでよく混ぜて火を止める。

2　土鍋にココナッツミルクを入れて火にかける。煮立ったら 1 の½量を加えて溶かし、わたりがに、鶏肉、具の野菜、しめじを加える。弱めの中火にして、ときどき混ぜながら７～８分煮る。

3　味をみて、ナンプラーを加えて味をととのえる。香菜を散らし、ライムをしぼっていただく。

ブイヤベース

南フランスを代表する、シーフードの煮込み料理。世界三大スープのひとつです。
ピリッと辛いルイユソースをつけながら食べてみてください。

材料（4人分）と下ごしらえ

具

白身魚（きんき、いさきなど・うろこ、腹わたなどを取ったもの）…1〜2尾分 ぶつ切りにする。

いか…1杯 さばいてから（P.123参照）、胴は輪切りに、足は1本ずつに切る。

えび…4〜8尾 背わたを取る。

ムール貝…4〜8個 たわしで洗い、ひげのような部分を引き抜く（写真a）。

A
- **トマト…2個** 縦半分に切ってへたを取り、乱切りにする。
- **マッシュルーム…200g** 縦半分に切る。
- **玉ねぎ…1個** 粗みじん切りにする。
- **セロリ…1本** 小口切りにする。

煮汁

B
- **サフラン…1つまみ（P.82参照）**
- **ぬるま湯…大さじ2**

C
- **ローリエ…1枚**
- **塩…小さじ½**
- **こしょう…少々**
- **水…2〜3カップ**

オリーブ油…大さじ3

にんにく…1かけ 薄切りにする。

塩…小さじ½

こしょう…少々

白ワイン…1カップ

仕上げソース

ディル…少量 長さ1㎝に刻む。

ルイユソース…適量（P.82参照）

鍋を始める

1 鍋に湯を沸かし、ざるに入れた白身魚をさっとくぐらせ、すぐに水に取ってそっと洗う（写真b）。Bを合わせてしばらくおき、黄色いサフラン水を作る。

2 鍋にオリーブ油、にんにくを入れて弱めの中火で熱する。香りが立ってきら、Aを加えて炒め、塩、こしょうをふる。さらに香りが立ったら、白ワイン、1のサフラン水を加える（写真c）。

3 魚介類、Cを加える（写真d）。煮立ったら弱火にしてアクを取り、ふたをして15分煮る。ディルを散らし、ルイユソースをつけていただく。

a ちょうつがいを上にして持ち、貝の口のほうに引っ張りながら引き抜く

b 表面を加熱して洗うことで、余分な脂肪やぬめりを取り、臭みを除いてうまみを閉じ込める

c サフラン水を加えて、風味と色をつける

d 水を全体に回し入れる。混ぜるときは、鍋を持ってゆっくり回すようにするとよい

鍋のしめ

バゲットの薄切りを用意して、スープに浸しながら食べて。

ブイヤベース

ポトフ

大きめに切ったベーコンや野菜を煮込んだ、フランスの家庭料理。
香草を束ねたブーケガルニを入れ、香り豊かな煮汁でコトコトと煮て仕上げます。

材料（4人分）と下ごしらえ

具

ベーコン（かたまり）…1本（約200g） 4等分に切る。
ウインナソーセージ…4本
玉ねぎ…2個 4つ割りにする。
にんじん…2本 皮をむき、幅3㎝の輪切りにする。
セロリ…1本 筋を取り、幅3㎝に切る。
じゃがいも…2個 皮をむいて半分に切り、面取りをする。
キャベツ…½個 しんをつけたまま4つ割りにする。

煮汁

A **セロリの葉、ローズマリー、タイム、パセリの軸、ローリエなど…各1枝**

B
チキンスープの素（固形）…2個
塩…小さじ½
こしょう…少々
水…5～6カップ

薬味

粒マスタード…適量

鍋を始める

1 Aをたこ糸で結び、ブーケガルニを作る（写真a）。

2 土鍋にB、ベーコン、玉ねぎ、にんじん、セロリ、ブーケガルニを入れて火にかける（写真b）。煮立ったら弱火にしてアクを取り、ふたをして20分ほど煮る。

3 じゃがいも、キャベツを加える（写真c）。再び煮立ったらふたをし、弱火で20分ほど煮る。ソーセージを加えて温め、粒マスタードを添えていただく。

a
ブーケガルニは数種類の香草を束ねたもので、煮込み料理などの風味づけに使う

b
火の通りにくいもの、味の出るものから先に煮ていく

c
煮くずれしやすいじゃがいも、すぐに火が通るキャベツは後半に加えて煮る

ポトフ

ボルシチ

鮮やかな赤いスープのボルシチは、ウクライナの伝統料理。野菜たっぷりのスープです。
仕上げに添えたサワークリームの酸味、ディルの風味がおいしさのアクセントに。

材料（4人分）と下ごしらえ

具

牛シチュー用肉…450g
塩、こしょう各少々をまぶす。
サラダ油…大さじ3
小麦粉…適量

玉ねぎ…2個　幅3㎝のくし形に切り、長さを半分に切る。
にんじん…2本　皮をむき、幅2㎝の輪切りにする。
キャベツ…$\frac{1}{2}$個　かたいしんを除き、2～3等分して幅2㎝に切る。
ビーツ（缶詰）…2缶（約800g）

煮汁

にんにく…1かけ　粗みじん切りにする。

A
チキンスープの素（固形）…2個
ローリエ…1枚
塩…小さじ$\frac{2}{3}$
こしょう…少々
水…4～5カップ

仕上げ

サワークリーム…適量
ディル…少々　長さ1㎝に刻む。

鍋を始める

1 フライパンにサラダ油大さじ2を中火で熱し、牛肉に小麦粉をまぶして焼く（写真a）。全体に焼き色をつけて鍋に移す。

2 フライパンにサラダ油大さじ1をたし、にんにくを炒める。香りが立ったら、玉ねぎ、にんじんを加えて弱めの中火にし、2分ほど炒めて1の鍋に移す（写真b）。

3 鍋にA、ビーツを缶汁ごと加えて火にかける（写真c）。煮立ったら弱火にしてアクを取り、ふたをして30分煮る。キャベツを加えてさらに30分ほど煮て仕上げる。器によそってサワークリーム、ディルを添える。

鍋のしめ　ゆでたじゃがいもを加えて、ひと煮していただいても。

a
小麦粉をまぶして焼き、牛肉のうまみを閉じ込める。煮汁もからみやすくなる

b
玉ねぎ、にんじん全体に油を回し、軽く炒めると味がしみ込みやすくなる

c
赤い色をつけるビーツは、アカザ科のサトウダイコンの仲間。便利な缶詰は、輸入食品店などで手に入る

ボルシチ

モロッコ風鍋

骨つきの鶏肉や大きめに切った野菜を、レモンやスパイスの風味で蒸し煮にしました。タジン鍋があれば使って、作ってみましょう。いつもの食卓が、ひと味違った雰囲気に！

材料（4人分）と下ごしらえ

具

鶏骨つきもも肉…4本　塩小さじ⅔、こしょう少々をまぶす。

オリーブ油…大さじ2

玉ねぎ…1個　縦半分に切り、横に幅1㎝に切る。

赤ピーマン…2個　縦4つ割りにして種を取る。

なす…2個　がくを取り、縦4つ割りにして1分水にさらし、水けを拭く。

にんじん…1本　皮をむいて縦4つ割りにし、長さ4㎝に切る。

プチトマト…8個

レモン…½個　皮をむいて4枚の輪切りにする。

ブラックオリーブの塩漬け（びん詰）…8粒

煮汁

A
- **クミンシード…小さじ⅓**
- **シナモンスティック…1本**
- **にんにく…1かけ**　みじん切りにする。
- **赤唐辛子…1本**　種を取ってちぎる。
- **塩…小さじ½**
- **こしょう…少々**

水…1カップ

仕上げ

イタリアンパセリ…少々　粗みじん切りにする。

鍋を始める

1 フライパンにオリーブ油を中火で熱し、鶏肉、レモン、Aを入れて炒める。鶏肉に焼き色がついたら、土鍋に移す。

2 空いたフライパンで、玉ねぎ、赤ピーマン、なす、にんじんを軽く炒め、油が回ったら1の土鍋に移す。分量の水を加えて火にかけ、煮立ったら弱火にしてふたをし、15分ほど煮る。

3 プチトマト、ブラックオリーブを加えて煮立ってきたら、ふたをして弱火で10分ほど煮る。イタリアンパセリをふっていただく。

鍋のしめ　バゲットなど好みのパンを用意し、ソースのようになった煮汁をつけながら食べる。

チーズフォンデュ

とろりと溶かしたチーズに具をつけて食べる、
スイスを中心としたヨーロッパの家庭料理です。
フォンデュ鍋がなければ、小さめのフライパンで。

材料（4人分）と下ごしらえ

具

ウインナソーセージ…8本

ブロッコリー…1株　小房に分ける。

グリーンアスパラガス…4本
根元を折って下のほうの皮をむき、長さを3～4等分に切る。

にんじん…1本
皮をむき、太い部分は2つ割りにし、幅2㎝に切る。

バゲット…½本　一口大に切る。

チーズソース

にんにく…½かけ

白ワイン…1カップ

ピザ用チーズ…200g

A
- **コーンスターチ…大さじ1**
- **水…大さじ1**

B
- **ナツメッグ…少々**
- **ドライバジル（またはドライパセリ）…少々**
- **粗びき黒こしょう…少々**

鍋を始める

1 塩少々（材料外）を加えた熱湯で、ブロッコリー、アスパラガスをかためにゆでてざるに上げる。にんじんは水から柔らかくゆでる。同じ鍋でソーセージを温めてざるに上げ、バゲットとともに器などに盛る。別の器に**A**を入れて混ぜる。

2 鍋（ここでは小さめのフライパンを使用）の表面に、にんにくの切り口をこすりつける。白ワインを入れて弱めの中火にかける。煮立ったらピザ用チーズの½量を加え、へらで混ぜて溶かす。残りのチーズを少しずつ加え、分離しないように混ぜる。

3 **A**を再び混ぜて加え（写真）、全体にとろみがついてきたら**B**をふり、チーズソースのできあがり。フォークでバゲットや野菜などをさし、チーズソースをつけながらいただく。

水で溶いたコーンスターチでとろみをつけると、チーズが分離しにくくなる

コック・オー・ヴァン

鶏肉を赤ワインで煮込んだ、フランスの家庭料理です。最後に加える生クリームで、手軽にこくがついてまろやかな味に仕上がります。

材料（4人分）と下ごしらえ

具

鶏骨つきもも肉…2本　半分に切る。

鶏もも肉…2枚　4等分に切る。鶏骨つきもも肉と合わせて、塩小さじ½、こしょう少々をまぶす。

バター…30g

小麦粉…適量

ベーコン(厚切り)…50g　細切りにする。

玉ねぎ…2個　3㎝四方に切る。

マッシュルーム…100g　薄切りにする。

にんじん…小2本　皮をむき、長さ3㎝の棒状に切る。

ドライプルーン…8粒　ざるに入れて熱湯を回しかける。

煮汁

A
- **赤ワイン…1カップ**
- **ローリエ…1枚**

B
- **チキンスープの素（固形）…2個**
- **塩…小さじ1**
- **水…3～4カップ**

生クリーム…1カップ

仕上げ

パセリ…少々　みじん切りにする。

鍋を始める

1 フライパンに、バターの½量を中火で溶かし、鶏肉に小麦粉をまぶして焼く。両面に焼き色をつけて（写真 a）、土鍋に移す。

2 空いたフライパンに残りのバターを入れて溶かし、ベーコン、玉ねぎ、マッシュルーム、にんじんを炒める（写真 b）。全体に油が回ったら、1 の土鍋に移す。

3 土鍋に A を加えて火にかける（写真 c）。煮立ったら B を加え、再び煮立ったら弱火にしてアクを取り、ふたをして 50 分ほど煮る。プルーンを加えて 10 分ほど煮、生クリームを加えてひと煮立ちしたら火を止める。パセリをふっていただく。

小麦粉をまぶして焼くと、鶏肉のうまみを閉じ込め、煮汁のうまみがからみやすくなる

ベーコン、野菜も、軽く炒めてから土鍋に入れる。味がなじみ、しみ込みやすくなる

赤ワインを加え、一度煮立ててアルコール分を飛ばす。うまみが増してこくが出る

鍋のしめ

煮汁が残ったら、パスタソースにしても美味。ゆでたスパゲティを入れてあえ、黒こしょうをふって。

コック・オー・ヴァン

鍋料理でよく使う材料の下ごしらえ

鍋料理でよく使う材料の、基本的なさばき方や下ごしらえを確認してください。鍋の段取りがいっそうスムーズになります。

肉だんご、つみれを作る

肉だんごや、魚のすり身を丸めたつみれ。形よく、また手際よく形作る方法です。

手で丸める

大きめのだんごに作りたいときは、たねを好みの大きさに手で丸める。煮立った煮汁に、静かに落とし入れて火を通す。

指の間から絞り出す

たねを片手で持ち、親指と人差し指で作った円から適量を絞り出すようにする。それをスプーンですくい取り、煮立った煮汁に入れて火を通す。

スプーン2本で形作る

たねをスプーンですくい取り、もう1本のスプーンで交互にこそぎ取りながら形をととのえる。煮立った煮汁に入れて火を通す。

いわしの手開き

いわしは、身が柔らかいので手開きします。内臓、骨、皮を取って、つみれ作りの準備をします。

1 頭を切り落とす

いわしの胸ひれの部分から包丁を入れ、頭を切り落とす。

2 内臓を取り出す

腹びれのまわりにあるかたい骨を切り落とし、包丁の先で内臓を掻き出す。肛門のあたりまで切り開き、腹の内側を洗ってペーパータオルで水けを拭く。

3 中骨を取る

切り口から親指を差し込み、尾に向かって、中骨の上を指先でしごいて開く。中骨をつまんで身からはがし、尾のつけ根で切り取る。

これで手開きの完了！

つみれにするため、腹骨、皮を取りましょう。

4 腹骨をそぎ切る

腹骨は、包丁を寝かせてそぎ切る。

5 皮から身を取る

頭の切り口のほうから、皮と身の間をさぐって、皮から身をはがし取る。

湯引きする

熱湯で軽くゆでたり、熱湯にくぐらせたりして、材料の表面に火を通します。水や冷水にとって洗い、脂肪や臭みを取り身をしめます。

肉

1 軽くゆでる

鶏肉を熱湯に入れ、軽くゆでて余分な脂肪などを落とす。特に、骨つき肉や脂肪の多い部位で行うことが多い。

2 冷水にとって洗う

ボウルにためた冷水にとり、軽く洗う。脂肪、血液のかたまりなどを除き、臭みを取る。ざるに上げて水けをきる。

魚

熱湯にくぐらせる

持ち手のついたざるに魚介を入れ、熱湯にくぐらせてすぐに水にとる。そっと洗って水けをきる。表面のタンパク質が、熱のため凝固して白くなるので「霜ふり」ともいう。魚の表面を殺菌する効果も。

えびの背わたを取る

背の黒っぽい筋は消化器官で、食感が悪く臭みもあるので取り除きます。

竹串で引き抜く

えびの背を丸め、頭に近い節と節の間に竹串の先を差し、黒っぽい筋をすくい取る。切れないようにゆっくりと引き出す。頭を取ったえびでも同様にする。

乾物をもどす

前もって乾物をもどすことがあります。基本は、製品の表示通りにもどします。

干ししいたけはポリ袋が便利

水に浮いてしまう干ししいたけは、ジッパーつきポリ袋に分量の水と入れて空気を抜き、口をしっかり閉じてもどすとよい。こうすると、干ししいたけ全体が水につかる。

もどした麩は水けを絞る

水につけて柔らかくもどした麩は、両手ではさんで水けを絞る。煮汁が水っぽくならず、麩にもうまみがしみる。

面取りをする

煮くずれないように、輪切りや角切りにした野菜の角を、薄くそぎ取ることです。大根、じゃがいも、かぼちゃなどに。

大根

おでんの大根は、輪切りにした大根の角を、くるりとむく要領でそぎ取る。

隠し包丁

火の通りや味のしみ込みをよくするため、材料の目立たないところに、切り込みを入れることです。大根、こんにゃくなどに。

大根

輪切りにした大根の裏側に、厚みの½〜⅓を目安に、十字に切り込みを入れる。

飾り包丁

見栄えよくするため、材料の表面に斜めや十字などの切り込みを入れることです。

生しいたけ

かさの中央に、包丁の刃先をＶ字に差し込んで切り取る。角度を変えて２〜３回繰り返し、十字や花模様にする。

貝類の砂抜きをする

スーパーで買った貝類でも砂抜きが不十分なことも。使う前に砂抜きすると安心です。

塩水につけて砂抜きする

ボウルに貝を入れ、海水程度の塩水をつかるくらいに注ぐ。ペーパータオルをかぶせて、涼しいところに２〜３時間おき、砂を吐き出させる。その後、両手ではさんで、殻をこするように洗うとよい。

油抜きをする

油揚げや練り製品などは、余分な油を抜くと、味がしみ込みやすくなります。

油揚げ など

熱湯で軽くゆでて油抜きする。ざるに上げ、水けをきって使う。さっと油抜きしたい場合は、両面に熱湯を回しかけてもよい。厚揚げも同様に。

練り製品 など

揚げた練り製品も、熱湯で軽くゆでると余分な油が抜けて柔らかくなり、味がしみ込みやすくなる。

こんにゃくをゆでる

臭みや水分を抜いて、歯応えをよくし、味をしみ込みやすくするために、下ゆでをします。

熱湯でゆでる

こんにゃくは、食べやすく切ったりちぎったりし、熱湯で１〜２分ゆでてざるに上げる。しらたきも同様に下ゆでするとよい。

いかをさばく

いかは、胴と足に分け、わたを取って、鍋料理に使う準備をします。

❶ わたを引き抜く

胴の中に指を入れ、足のつけ根をはずす。足のつけ根をしっかりと持って、わたを引き抜く。わたの袋を破かないように注意する。

❷ 軟骨を取る

細く透明な軟骨を引き抜き、胴の中に残っていた内臓もこそげ取る。

胴の下ごしらえが完了！

❸ 足とわたを切り離す

目の下に包丁を入れ、足とわたを切り離す。

❹ くちばしを取る

足のつけ根にあるくちばしは、指で押し出して取る。

❺ 足の吸盤を取る

足は水の中に入れ、指先でこそぐようにして吸盤を取り除く。水の中で行うと、吸盤が飛び散らない。

足の下ごしらえが完了！

主材料別さくいん

【肉】

鶏肉
うどんすき…42
きりたんぽ鍋…40
ココナッツミルク鍋…111
コック・オー・ヴァン…120
参鶏湯…100
ちゃんこ鍋…38
手羽先のトマト鍋…12
手羽元とかぶの鍋…8
鶏肉ときのこのチーズ鍋…13
鶏肉とトマトのスープカレー鍋…10
火鍋…104
水炊き…36
モロッコ風鍋…118
寄せ鍋…62

豚肉
カムジャタン…102
常夜鍋…20
台湾風白菜鍋…107
豚キムチ鍋…18
豚すき鍋…84
豚肉とキャベツの塩こうじ鍋…19
豚肉と里いもの鍋…21
豚肉と白菜のミルフィーユ鍋…14
豚肉と水菜のはりはり鍋風…43
豚肉と野菜の蒸し鍋…44
ヘルシー豚しゃぶ…16
ほうとう鍋…48
もつ鍋…46

牛肉
いも煮鍋…54
エスニック牛しゃぶ…24
牛すじ鍋…56
牛肉とごぼうの柳川鍋風…58
牛肉とトマトのすき焼き…25
しゃぶしゃぶ…52
すき焼き…50
プルコギ…22
ボルシチ…116
みそ煮込みおでん…78

羊肉
火鍋…104

【ひき肉】

鶏
チキンボール鍋…26
ちゃんこ鍋…38
鶏だんごの豆乳鍋…60
野沢菜漬けのこくうま鍋…85
ベトナム風鍋…110

豚
餃子鍋…29
獅子頭鍋…106
中国風肉だんご鍋…28

【加工肉】

ウインナソーセージ
チーズフォンデュ…119
ポトフ…114

ベーコン
コック・オー・ヴァン…120
ポトフ…114

【魚介】

あさり
あさり鍋…87

いか
いかと大根のみそ鍋…30
ブイヤベース…112

いさき
ブイヤベース…112

いわし
いわしのつみれ鍋…70

えび
うどんすき…42
トムヤムクン鍋…108
火鍋…104
ブイヤベース…112
ベトナム風鍋…110
寄せ鍋…62

海藻類
きんめ鯛のしゃぶしゃぶ…74
プデチゲ…103

かき
かきのみそ鍋…66

かに
かに鍋…64
ココナッツミルク鍋…111

きんき
ブイヤベース…112
寄せ鍋…62

きんめ鯛
きんめ鯛のしゃぶしゃぶ…74

鮭
石狩鍋…68

さわら
さわらのかす汁鍋…75

シーフードミックス
海鮮チゲ…86

鯛
鯛とねぎの鍋…72

たこ
おでん…76

たら
たらちり…69
ベトナム風鍋…110

はまぐり
寄せ鍋…62

ぶり
ぶりのしょうが風味鍋…32

帆立貝
石狩鍋…68

ムール貝
ブイヤベース…112

【野菜・きのこ・果物】

えごまの葉
カムジャタン…102

えのきたけ
かきのみそ鍋…66
かに鍋…64
きんめ鯛のしゃぶしゃぶ…74
しゃぶしゃぶ…52
すき焼き…50
たらちり…69
火鍋…104
ベトナム風鍋…110
水炊き…36
湯豆腐…33

エリンギ
カムジャタン…102
しゃぶしゃぶ…52
鯛とねぎの鍋…72
水炊き…36

貝割れ大根
豚すき鍋…84

かぶ
手羽元とかぶの鍋…8
鶏だんごの豆乳鍋…60

かぼちゃ
野沢菜漬けのこくうま鍋…85
豚肉と野菜の蒸し鍋…44
ほうとう鍋…48

きぬさや
かきのみそ鍋…66
鶏だんごの豆乳鍋…60

キャベツ
石狩鍋…68
海鮮チゲ…86
豚肉とキャベツの塩こうじ鍋…19
豚肉と野菜の蒸し鍋…44
ポトフ…114
ボルシチ…116
ミート&キャベツ鍋…94
水炊き…36
もつ鍋…46

ぎんなん
参鶏湯…100
空芯菜
火鍋…104
ベトナム風鍋…110
グリーンアスパラガス
チーズフォンデュ…119
豚肉と野菜の蒸し鍋…44
香菜
トムヤムクン鍋…108
ごぼう
いも煮鍋…54
いわしのつみれ鍋…70
かきのみそ鍋…66
牛すじ鍋…56
牛肉とごぼうの柳川鍋風…58
きりたんぽ鍋…40
参鶏湯…100
ちゃんこ鍋…38
ツナとごぼうの柳川鍋風…93
もつ鍋…46
小松菜
いかと大根のみそ鍋…30
さんま缶のすき焼き風…95
さつまいも
海鮮チゲ…86
里いも
いも煮鍋…54
さわらのかす汁鍋…75
豚肉と里いもの鍋…21
ほうとう鍋…48
みそ煮込みおでん…78

しめじ
いも煮鍋…54
ココナッツミルク鍋…111
さわらのかす汁鍋…75
中国風肉だんご鍋…28
手羽元とかぶの鍋…8
豚肉とキャベツの塩こうじ鍋…19
ベトナム風鍋…110
水炊き…36
じゃがいも
石狩鍋…68
カムジャタン…102
さば缶カレー鍋…92
ポトフ…114
ミート&キャベツ鍋…94
春菊
しゃぶしゃぶ…52
すき焼き…50
たらちり…69
水炊き…36
寄せ鍋…62
しょうが
参鶏湯…100
せり
きりたんぽ鍋…40
鯛とねぎの鍋…72
セロリ
ブイヤベース…112
ポトフ…114
大根
油揚げと水菜のみぞれ鍋…91
いかと大根のみそ鍋…30
いわしのつみれ鍋…70

おでん…76
牛すじ鍋…56
きんめ鯛のしゃぶしゃぶ…74
さわらのかす汁鍋…75
鯛とねぎの鍋…72
ちゃんこ鍋…38
ほうとう鍋…48
みそ煮込みおでん…78
ミニおでん風…96
玉ねぎ
石狩鍋…68
ココナッツミルク鍋…111
コック・オー・ヴァン…120
さば缶カレー鍋…92
ツナとごぼうの柳川鍋風…93
手羽先のトマト鍋…12
野沢菜漬けのこくうま鍋…85
ブイヤベース…112
プデチゲ…103
プルコギ…22
ポトフ…114
ボルシチ…116
モロッコ風鍋…118
チンゲンサイ
餃子鍋…29
獅子頭鍋…106
台湾風豆乳鍋…90
唐辛子
参鶏湯…100
豆苗
あさり鍋…87
とうもろこし
石狩鍋…68

トマト・プチトマト
牛肉とトマトのすき焼き…25
トムヤムクン鍋…108
鶏肉とトマトのスープカレー鍋…10
ブイヤベース…112
モロッコ風鍋…118
なす
モロッコ風鍋…118
生しいたけ
かに鍋…64
すき焼き…50
たらちり…69
鍋焼きうどん…98
豚すき鍋…84
豚肉と水菜のはりはり鍋風…43
ぶりのしょうが風味鍋…32
ほうとう鍋…48
寄せ鍋…62
にら
参鶏湯…100
しゃぶしゃぶ…52
ちゃんこ鍋…38
ツナとごぼうの柳川鍋風…93
納豆鍋…88
プルコギ…22
ベトナム風鍋…110
もつ鍋…46
にんじん
あさり鍋…87
石狩鍋…68
うどんすき…42
牛すじ鍋…56
コック・オー・ヴァン…120
さば缶カレー鍋…92
さわらのかす汁鍋…75

しゃぶしゃぶ…52
チーズフォンデュ…119
チキンボール鍋…26
鶏だんごの豆乳鍋…60
豚肉と野菜の蒸し鍋…44
ほうとう鍋…48
ポトフ…114
ボルシチ…116
モロッコ風鍋…118
寄せ鍋…62
にんにく
参鶏湯…100
ねぎ
いわしのつみれ鍋…70
かきのみそ鍋…66
牛すじ鍋…56
牛肉とごぼうの柳川鍋風…58
牛肉とトマトのすき焼き…25
きりたんぽ鍋…40
きんめ鯛のしゃぶしゃぶ…74
さんま缶のすき焼き風…95
しゃぶしゃぶ…52
常夜鍋…20
すき焼き…50
鯛とねぎの鍋…72
台湾風豆乳鍋…90
たらちり…69
鶏肉とトマトのスープカレー鍋…10
豚すき鍋…84
豚肉と水菜のはりはり鍋風…43
寄せ鍋…62
白菜
あさり鍋…87
いわしのつみれ鍋…70
うどんすき…42
かきのみそ鍋…66

白菜
かに鍋…64
かに棒鍋…97
きんめ鯛のしゃぶしゃぶ…74
獅子頭鍋…106
すき焼き…50
たらちり…69
ちゃんこ鍋…38
中国風肉だんご鍋…28
鶏だんごの豆乳鍋…60
納豆鍋…88
火鍋…104
豚肉と白菜のミルフィーユ鍋…14
ぶりのしょうが風味鍋…32
寄せ鍋…62

パプリカ
エスニック牛しゃぶ…24
豚肉と野菜の蒸し鍋…44
ベトナム風鍋…110

ピーマン・赤ピーマン
ココナッツミルク鍋…111
プデチゲ…103
モロッコ風鍋…118

ブロッコリー
チーズフォンデュ…119
ヘルシー豚しゃぶ…16

ほうれん草
常夜鍋…20
チキンボール鍋…26

まいたけ
いも煮鍋…54
きりたんぽ鍋…40

マッシュルーム
コック・オー・ヴァン…120
鶏肉ときのこのチーズ鍋…13
ブイヤベース…112

水菜
油揚げと水菜のみぞれ鍋…91
かに鍋…64
きんめ鯛のしゃぶしゃぶ…74
豚肉と里いもの鍋…21
豚肉と水菜のはりはり鍋風…43

三つ葉
うどんすき…42
牛肉とごぼうの柳川鍋風…58

もやし・豆もやし
餃子鍋…29
スンドゥブ鍋…89
台湾風白菜鍋…107
豚肉と野菜の蒸し鍋…44
もつ鍋…46

レタス類
エスニック牛しゃぶ…24
ヘルシー豚しゃぶ…16

レモン
モロッコ風鍋…118

わけぎ
さわらのかす汁鍋…75
鍋焼きうどん…98
ほうとう鍋…48
湯豆腐…33

【野菜加工品】

こんにゃく
いも煮鍋…54
おでん…76
牛すじ鍋…56
さわらのかす汁鍋…75

しらたき
さんま缶のすき焼き風…95
みそ煮込みおでん…78

たけのこの水煮
ココナッツミルク鍋…111
トムヤムクン鍋…108
鶏だんごの豆乳鍋…60

トマトの水煮
手羽先のトマト鍋…12

生麩
うどんすき…42

野沢菜漬け
野沢菜漬けのこくうま鍋…85

白菜キムチ
海鮮チゲ…86
スンドゥブ鍋…89
豚キムチ鍋…18
プデチゲ…103

白菜の塩漬け
台湾風白菜鍋…107

ビーツ(缶詰)
ボルシチ…116

ふくろたけ(缶詰)
トムヤムクン鍋…108

ブラックオリーブの塩漬け
モロッコ風鍋…118

【缶詰】

魚
さば缶カレー鍋…92
さんま缶のすき焼き風…95
ツナとごぼうの柳川鍋風…93

ランチョンミート
ミート&キャベツ鍋…94
プデチゲ…103

【乾物】

切り干し大根
台湾風白菜鍋…107

くこの実
参鶏湯…100

くずきり
かに鍋…64
しゃぶしゃぶ…52

ドライプルーン
コック・オー・ヴァン…120

春雨
かに棒鍋…97
カムジャタン…102
獅子頭鍋…106

干しえび
台湾風豆乳鍋…90
台湾風白菜鍋…107

干ししいたけ
参鶏湯…100
獅子頭鍋…106
台湾風白菜鍋…107
豚肉と白菜のミルフィーユ鍋…14

干しなつめ
参鶏湯…100

焼き麩
すき焼き…50
鍋焼きうどん…98

ゆば
うどんすき…42

【大豆製品】

厚揚げ
さわらのかす汁鍋…75
台湾風白菜鍋…107
豚キムチ鍋…18

油揚げ
油揚げと水菜のみぞれ鍋…91
おでん…76
ちゃんこ鍋…38

豆乳
台湾風豆乳鍋…90

豆腐・焼き豆腐
いわしのつみれ鍋…70
かきのみそ鍋…66

すき焼き…50
スンドゥブ鍋…89
たらちり…69
ちゃんこ鍋…38
豚肉と水菜のはりはり鍋風…43
プデチゲ…103
湯豆腐…33

納豆
納豆鍋…88

【卵】
おでん…76
牛肉とごぼうの柳川鍋風…58
スンドゥブ鍋…89
ツナとごぼうの柳川鍋風…93
みそ煮込みおでん…78
ミニおでん風…96

【乳製品】

スライスチーズ
プデチゲ…103
ミート&キャベツ鍋…94

ピザ用チーズ
チーズフォンデュ…119
鶏肉ときのこのチーズ鍋…13

【練り製品】

かに風味かまぼこ
かに棒鍋…97

魚肉ソーセージ
プデチゲ…103

さつま揚げなど
おでん…76
みそ煮込みおでん…78
ミニおでん風…96

ちくわぶ
おでん…76

【穀類】

インスタントラーメン
プデチゲ…103

うどん
うどんすき…42
鍋焼きうどん…98

ご飯
きりたんぽ鍋…40

トック（韓国もち）
プデチゲ…103

バゲット
チーズフォンデュ…119

ほうとう麺
ほうとう鍋…48

もち
おでん…76

もち米
参鶏湯…100

【その他】

甘栗
参鶏湯…100

天ぷら
鍋焼きうどん…98

味つけ別さくいん

水炊き系（たれつき）
エスニック牛しゃぶ…24
餃子鍋…29
きんめ鯛のしゃぶしゃぶ…74
しゃぶしゃぶ…52
常夜鍋…20
たらちり…69
豚肉と野菜の蒸し鍋…44
ヘルシー豚しゃぶ…16
水炊き…36
湯豆腐…33

しょうゆ味系
あさり鍋…87
いわしのつみれ鍋…70
うどんすき…42
おでん…76
かに鍋…64
スンドゥブ鍋…89
鯛とねぎの鍋…72
ちゃんこ鍋…38
ツナとごぼうの柳川鍋風…93
手羽元とかぶの鍋…8
納豆鍋…88
鍋焼きうどん…98
豚すき鍋…84
豚肉とキャベツの塩こうじ鍋…19
豚肉と白菜のミルフィーユ鍋…14
豚肉と水菜のはりはり鍋風…43
ミニおでん風…96
もつ鍋…46
寄せ鍋…62

甘辛しょうゆ味系
いも煮鍋…54
牛すじ鍋…56
牛肉とごぼうの柳川鍋風…58
牛肉とトマトのすき焼き…25
さんま缶のすき焼き風…95
すき焼き…50
野沢菜漬けのこくうま鍋…85
豚肉と里いもの鍋…21
プルコギ…22

塩味系
油揚げと水菜のみぞれ鍋…91
参鶏湯…100
台湾風白菜鍋…107
ブイヤベース…112
ぶりのしょうが風味鍋…32
ポトフ…114
ミート&キャベツ鍋…94

みそ味系
いかと大根のみそ鍋…30
石狩鍋…68
海鮮チゲ…86
かきのみそ鍋…66
カムジャタン…102
さわらのかす汁鍋…75
ほうとう鍋…48
みそ煮込みおでん…78

ピリ辛味系
トムヤムクン鍋…108
火鍋…104
豚キムチ鍋…18
プデチゲ…103

【その他】

オイスターソース味
かに棒鍋…97
獅子頭鍋…106
中国風肉だんご鍋…28

カレー味
さば缶カレー鍋…92
鶏肉とトマトのスープカレー鍋…10

ココナッツミルク味
ココナッツミルク鍋…111

スパイス味
モロッコ風鍋…118

チーズ味
チーズフォンデュ…119
鶏肉ときのこのチーズ鍋…13

豆乳味
台湾風豆乳鍋…90
鶏だんごの豆乳鍋…60

トマト味
手羽先のトマト鍋…12

生クリーム味
コック・オー・ヴァン…120
チキンボール鍋…26

ナンプラー味
きりたんぽ鍋…40
ベトナム風鍋…110

ビーツ味
ボルシチ…116

Michiko Natsuume

夏梅美智子　料理研究家

基本をふまえた家庭料理から、エスニック料理、韓国料理と、幅広いレパートリーが好評。家庭で作りやすいレシピを心がけ、明るい人柄にファンが多い。書籍、雑誌、テレビなどで活躍中。近著に、『作りおきの便利帳』、『酢のレシピ』（共に主婦の友社）、『やっぱり食べたい基本の和食』（PHP研究所）、『いますぐ使える 常備菜の献立帖』（日東書院本社）など。

Staff

撮影／青山紀子

スタイリング／いとうゆみこ

デザイン／ Still

校正／関根志野

編集・構成／まどそら堂編集室　白江あかね

企画・編集／朝日新聞出版　生活・文化編集部　端 香里

絶対食べたい！

ごちそう鍋レシピ 74

監　修　夏梅美智子

発行者　須田 剛

発行所　朝日新聞出版

〒104-8011　東京都中央区築地 5-3-2

電話 (03) 5541-8996（編集）

(03) 5540-7793（販売）

印刷所　大日本印刷株式会社

Published in Japan by Asahi Shimbun Publications Inc.

ISBN　978-4-02-333003-0

定価はカバーに表示してあります。

落丁・乱丁の場合は弊社業務部（電話 03-5540-7800）へご連絡ください。

送料弊社負担にてお取り替えいたします。